高质量推进高校学生管理的策略研究

池邵威　吴维维　王洪影　著

图书在版编目（CIP）数据

高质量推进高校学生管理的策略研究 / 池邵威，吴维维，王洪影著. --北京：中国原子能出版社，2023.8

ISBN 978-7-5221-2965-5

Ⅰ. ①高… Ⅱ. ①池…②吴…③王… Ⅲ. ①大学生-高校管理-研究 Ⅳ. ①G645.5

中国国家版本馆 CIP 数据核字（2023）第 171194 号

高质量推进高校学生管理的策略研究

出版发行	中国原子能出版社（北京市海淀区阜成路 43 号 100048）
责任编辑	王　蕾
责任印制	赵　明
印　　刷	北京天恒嘉业印刷有限公司
经　　销	全国新华书店
开　　本	787 mm×1092 mm 1/16
印　　张	12.875
字　　数	218 千字
版　　次	2023 年 8 月第 1 版 2023 年 8 月第 1 次印刷
书　　号	ISBN 978-7-5221-2965-5　　**定　价** **86.00** 元

前　言

百年大计，教育为本。要实现中华民族伟大复兴的宏伟目标，必须坚持实施科教兴国战略和人才强国战略，把教育放在优先发展的位置。新时期，高等教育在国家发展战略中的地位越来越突出，经济和社会发展比任何时候都更加依靠知识的更新、人们素质的提高、科技的创新及教育的发展。因此，世界各国均对高等教育予以高度的重视。

改革开放初期，我国高等教育发展相对滞后，入学率较低，高等教育资源相对匮乏。为了加快高等教育的发展，提高高等教育入学率，满足人民群众接受高等教育的需求，我国政府采取了一系列措施，加大对高等教育的投入、扩大高等教育规模、提高高等教育质量。在改革开放的推动下，我国高等教育实现了快速发展，高等教育资源不断丰富，入学率不断提高。同时，高等教育也实现了从以学科教育为主向以素质教育为主的转变，更加注重培养学生的创新能力和实践能力。进入 21 世纪，我国高等教育面临着新的挑战和机遇。为了适应经济社会发展需要、提高高等教育质量、满足人民群众对高等教育的需求，我国政府开始实施高等教育质量提升工程，推进高等教育内涵式发展，加强高等教育质量监控和评估。

高校学生管理是高等教育中不可或缺的环节，直接关系到学生的成长和发展。随着社会的不断发展和学生群体的不断变化，高校学生管理面临着越来越多的挑战。在此背景下，如何提高高校学生管理的质量和效率，成为摆在我们面前的重要课题。鉴于此，特撰写了本书。

本书共包括七章内容：第一章对高校学生管理的基本知识进行了简要阐述，具体内容包括高校学生管理的内涵、理念与价值，以及原则与方法等；第二章至第七章则分别对高质量推进高校学生安全管理的策略、学习管理的策略、适应管理的策略、情绪管理的策略、人际交往管理的策略、就业管理的策略进行了研究。

本书旨在提供一套实用性强、可操作性强、适应现代学生管理需求的策略体系，以帮助高校学生及管理工作者更好地应对学生管理中出现的各种问题和挑战。

本书在撰写的过程中，参考了许多高校学生管理方面的相关著作，在此表示最诚挚的谢意！由于时间仓促，作者水平有限，错误和不当之处在所难免，恳请广大读者在使用中多提宝贵意见，以便本书的修改与完善。

作　者

目　录

第一章 高校学生管理概述

高校学生管理是高校教育的重要组成部分，它直接关系到高校学生的身心健康和全面发展。随着时代的变迁和社会的发展，高校学生管理面临着新的机遇和挑战。在新形势下，如何加强和改进高校学生管理，更好地满足学生需求，成为高校教育亟须解决的重要问题。本章就对高校学生管理的相关内容进行简要阐述。

第一节 高校学生管理的内涵

一、高校学生管理的含义

高校学生管理是一门涉及多个学科的管理科学，其目的是通过科学、有计划、有组织的管理方式，达到高等学校的培养目标，为学生提供良好的学习和生活环境，同时促进学生全面发展。在高校学生管理中，需要涉及学生工作人员、教师、教育管理部门、后勤管理部门、财务管理部门等多个部门的协作，以及与家长、社会等各方面的沟通和协调。

二、高校学生管理的特点

高校学生管理的特点主要包括以下几个（图 1-1）。

（一）科学性

高校学生管理需要遵循科学化、规范化、制度化的原则，采用科学的管理方法和手段，确保管理工作的高效率和质量。同时，需要不断地更新管理理念和方法，适应不断变化的教育环境和学生需求。

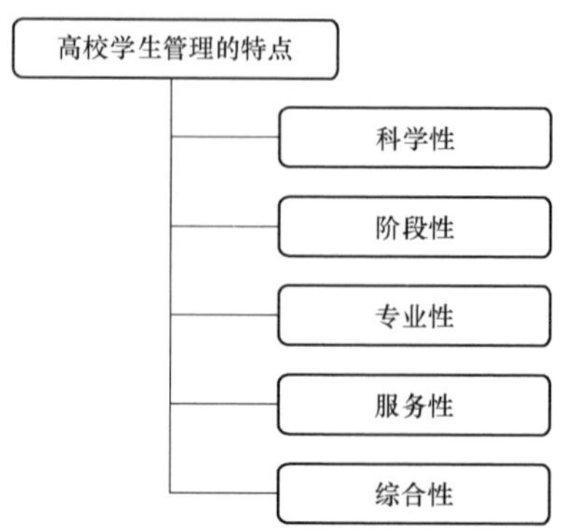

图 1-1　高校学生管理的特点

（二）阶段性

高校学生管理涉及学生从入学到毕业的整个过程，需要经过多个阶段的管理。每个阶段的管理都有不同的重点和目标，需要制定相应的管理策略和措施。

（三）专业性

高校学生管理需要专业的管理人员和队伍，他们需要具备相关的专业知识和技能，以及丰富的管理经验。学生管理人员需要根据学生的不同需求，采取不同的管理措施，提供个性化的服务。

（四）服务性

高校学生管理的最终目的是学生的全面发展，为他们提供更好的服务。管理人员需要关注学生的需求和发展，关心他们的成长和成才，帮助他们解决各种问题和困难，让他们在校园里感受到温暖和关爱。

（五）综合性

高校学生管理具有综合性的特点，这体现在多个方面。

第一，从管理环境来看，高校的学生管理工作不仅受到学校内部环境的影响，如学校政策、管理制度等，还受到社会环境的影响，如社会文化、法律法规等。因此，高校学生管理具有综合性的特点。

第二，从管理目标来看，高校学生管理的目标是培养全面发展的人才，这需要对学生的知识、能力、素质等多方面进行综合培养。因此，学生管理的目标也需要综合性的考虑。

第三，从管理内容来看，高校学生管理的内容涉及多个方面，如学籍管理、课程管理、住宿管理、就业指导等。这些内容相互关联、相互影响，需要综合性的管理手段和措施。

第四，从管理方式上来看，高校学生管理也需要具有综合性。不同的学生有不同的个性特点和学习需求，需要采用不同的管理方式和方法。同时，在管理过程中，还需要综合运用多种手段，如教育、引导、约束等，以达到最佳的管理效果。

三、高校学生管理的任务

高校学生管理的任务，具体来说有以下几个（图 1-2）。

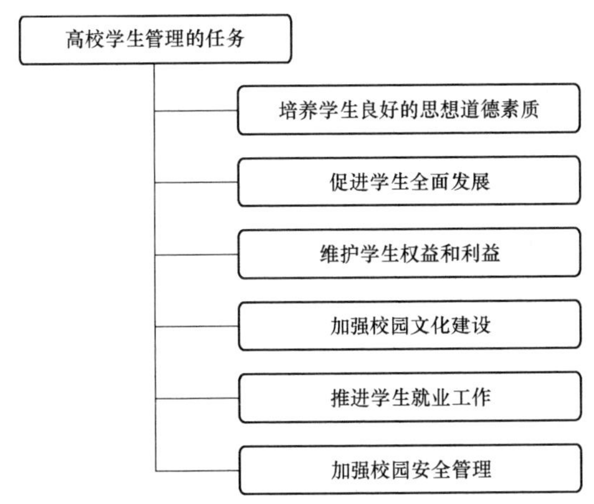

图 1-2　高校学生管理的任务

（一）培养学生良好的思想道德素质

高校学生管理的首要任务是培养学生良好的思想道德素质。思想道德素质是一个人最基本、最重要的素质之一，是学生全面发展的基础。学生只有具备了良好的思想道德素质，才能树立正确的世界观、人生观、价值观，具备良好的品德和诚信品质，成为优秀的人才。

在培养学生良好的思想道德素质方面，高校学生管理应该从以下几个方面入手。

1. 强调品德教育

学生管理人员应该通过各种方式，如宣传教育、引导示范等，让学生明确道德规范，强化道德意识，树立道德观念，形成道德品质。

2. 注重诚信教育

诚信是人的安身立命之本，是学生管理人员应特别强调的基本品质。学生管理人员应该通过建立信用制度等手段，引导学生树立诚信观念，培养诚信品质。

3. 推动校园文化建设

校园文化对学生的思想道德素质影响深远。学生管理人员应该通过组织各种文化活动、宣传活动等方式，推动校园文化建设，营造良好的育人环境。

4. 加强实践锻炼

实践是检验学生思想道德素质的重要标准。学生管理人员应该通过组织社会实践、志愿服务等方式，让学生在实践中领悟思想道德素质的重要性，培养良好的行为习惯。

（二）促进学生全面发展

高校学生管理需要关注学生的全面发展，这是高校教育的重要目标。学生的全面发展，是指学生在学业、文化、艺术、体育等方面都能得到均衡的发展和提高。为了促进学生的全面发展，高校学生管理应该从以下几个方面入手。

1. 提供多元化的活动选择

学生管理人员应该根据学生的兴趣和需求，组织各类活动，如文艺比赛、运动会、社会实践等，让学生在参与中锻炼自己的能力和素质。

2. 提供丰富的课程选择

学生管理人员应该根据学生的需求和学科特色，开设各类课程，如文化课程、艺术课程、体育课程等，让学生在课程中学到知识和技能。

3. 搭建全面的服务平台

学生管理人员应该提供全面的服务平台，如心理咨询、职业规划、考试

辅导等，让学生在遇到问题和困难时能够得到及时有效的帮助和支持。

4. 营造全面的校园文化氛围

学生管理人员应该营造和谐的校园文化氛围，如鼓励学生积极参加社团活动、举办文化讲座等，让学生在文化熏陶中提高自己的素质和修养。

（三）维护学生权益和利益

高校学生管理需要保障学生的合法权益和利益，同时关注学生的心理健康和精神文化需求，这是高校教育的重要职责。具体来说，高校学生管理需要在以下几个方面加强工作。

第一，加强学费、住宿费、生活补贴等方面的管理，确保学生收费合理、费用收取透明公正，同时建立完善的学生资助体系，为家庭经济困难学生提供资助和生活补贴，保障他们的学习权益。

第二，关注学生的心理健康和精神文化需求，建立心理咨询中心和心理援助机制，为学生提供心理咨询服务，解决各种心理问题和困境，同时加强心理健康教育，培养学生健康的心理品质。

第三，加强学生会、社团等学生组织的管理和引导，推动学生自治和自我管理，发挥学生在管理过程中的作用，同时积极组织各类文化活动、社团活动等，满足学生在文化方面的需求。

第四，加强安全管理和应急处置管理，确保学生在校期间的人身安全和财产安全，同时建立健全的应急处置机制，应对各类突发事件和灾害。

（四）加强校园文化建设

高校学生管理需要积极推动校园文化建设，营造良好的校园文化氛围，这是高校教育的重要任务。校园文化是高校的灵魂和血脉，是高校发展的精神支柱和动力源泉，也是高校学生管理和服务的重要方面。具体来说，高校学生管理可以从以下几个方面推动校园文化建设。

1. 积极组织各类文化活动

学生管理人员可以通过组织文化讲座、文艺比赛、展览、音乐会等形式，丰富学生的课余生活，增强他们的文化素养和审美能力。

2. 推广和传承优秀文化

学生管理人员应该积极推广和传承中华优秀传统文化、社会主义核心价值观等，引导学生树立正确的文化观念，传承和弘扬中华文化的精髓。

3. 加强校园环境文化建设

学生管理人员应该加强校园环境文化建设，打造优美的校园环境，如建设文化广场、花园、走廊等，让学生在优美的环境中受到文化的熏陶和滋养。

4. 建立文化平台和交流机制

学生管理人员可以建立文化平台和交流机制，如文化社团、文化交流项目等，促进校内外文化的交流和融合，让学生在文化交流中拓宽视野、增强素养。

（五）推进学生就业工作

高校学生管理需要关注学生的就业需求和发展，提供相关的就业指导和服务。通过开展各种形式的招聘会、讲座、职业规划课程等，帮助学生了解就业政策和就业市场情况，提高他们的就业竞争力。

（六）加强校园安全管理

高校学生管理需要保障学生的安全和健康，加强校园安全管理工作。通过制定相关的安全管理制度和措施，建立安全预警机制，增强师生的安全意识和防范能力。

四、高校学生管理的指导思想

高校学生管理的指导思想主要包括以下几个（图 1-3）。

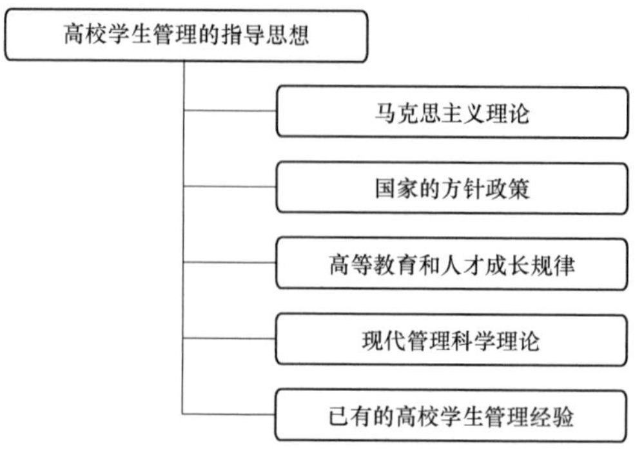

图 1-3　高校学生管理的指导思想

（一）马克思主义理论

马克思主义理论在高校学生管理工作中的指导地位是不可动摇的。高校学生管理要以马克思主义理论为指导。马克思主义理论是我们党经过长期实践检验的正确理论体系，是中国共产党人的行动指南。高校学生管理工作要以马克思主义理论为指导，才能保证学生管理工作的正确方向。

然而，目前我国各大高校在应用马克思理论思想指导教育管理工作时存在一些问题。这些问题包括对马克思主义理论的认识不够深入、应用不够科学、与实际结合不够紧密等。这些问题制约了马克思主义理论在高校学生管理工作中的作用和效果。因此，高校应提高马克思主义理论在教育管理工作中的应用水平，使其更好地服务于学生的成长成才。

（二）国家的方针政策

高校学生管理要以国家的方针政策为指导，这是由国家的方针政策的性质和内容所决定的。国家的方针政策是国家对于教育、文化、科技、经济、社会等各个领域的发展方向、目标、任务和政策措施的总概括，具有全局性、长远性和指导性。高校学生管理要以国家的方针政策为指导，才能确保学生管理工作的方向正确、任务明确、措施得力，才能更好地适应国家经济社会发展的需要。

以教育方针为例，教育方针是国家对于教育事业的发展方向、目标、任务和政策措施的总概括，高校学生管理要以教育方针为指导，才能使学生管理工作更好地服务于教育目的，更好地符合教育任务，更好地遵循教育途径和方法。

此外，国家的方针政策也会随着时代的变化而不断调整和完善。高校学生管理要及时掌握国家的方针政策动态，使学生管理工作能够与时俱进，适应国家经济社会发展的需要。

（三）高等教育和人才成长规律

高等教育和人才成长规律是指在高等教育和人才成长过程中，学生的身心发展规律、教育教学规律、社会需求规律等方面的规律。高校学生管理要以高等教育和人才成长规律为指导，才能使学生管理工作更好地符合学生的身心发展规律，更好地遵循教育教学规律。

以学生身心发展规律为例，学生身心发展规律是指学生在成长过程中，身心各方面发展的顺序、速度、比例和方式等方面的规律。高校学生管理要以学生身心发展规律为指导，才能确保学生管理工作符合学生的身心发展规律，避免管理工作的过度干预或不足干预，从而保证学生身心健康发展。

以教育教学规律为例，教育教学规律是指教育教学过程中所涉及的诸多因素之间的关系和作用方式。高校学生管理要以教育教学规律为指导，才能使学生管理工作更好地符合教育教学规律，注重教育质量和效果，避免管理工作的盲目性和随意性。

以社会需求规律为例，社会需求规律是指社会对于人才的需求方向、需求数量、需求质量等方面的规律。高校学生管理要以社会需求规律为指导，才能使学生管理工作更好地符合社会需求规律，注重人才培养的质量和适应性，避免管理工作的滞后性和错位性。

总之，高等教育和人才成长规律是高校学生管理的指导思想，高校学生管理要以高等教育和人才成长规律为指导，才能使学生管理工作更加科学、规范、有效。

（四）现代管理科学理论

现代管理科学理论强调以人为本、以顾客为中心的管理理念，注重通过科学的方法和技术，提高组织的效率和绩效。在高校学生管理工作中，现代管理科学理论提倡注重学生的全面发展，注重学生的个性化需求和差异化发展，从而有效促进学生的成长成才。

同时，现代管理科学理论也强调管理的科学化、规范化、标准化和精细化，注重运用现代信息技术和数据分析方法，提高管理效率和精准度。在高校学生管理工作中，现代管理科学理论的应用可以帮助管理人员更加科学、客观、全面地掌握学生的实际情况，对于管理工作的顺利开展和取得实效具有重要的意义。

总之，现代管理科学理论是高校学生管理的指导思想之一，对于高校学生管理工作具有重要的指导意义。高校应当充分认识和应用现代管理科学理论，从而更好地促进学生的全面发展。

（五）已有的高校学生管理经验

以已有的高校学生管理经验为指导，能够有效推动高校学生管理工作的顺利开展并获得良好的成果。其原因包括以下几方面。

第一，经验丰富的管理者和工作人员已经总结出了许多行之有效的管理方法和经验，可以帮助高校在学生管理工作上少走弯路，快速适应工作岗位。

第二，已有的高校学生管理经验已经被广泛应用和证明是行之有效的，可以减少工作中的不必要的错误和失误，提高工作效率和质量。

第三，参考已有的高校学生管理经验，可以为高校提供可以参考和学习的管理案例和成功经验，可以使高校在学生管理工作中获得更好的成绩和口碑。

五、高校学生管理过程中要处理好的关系

（一）学生管理与规章制度的关系

学生管理与规章制度的关系是高校学生管理过程中的一个重要问题。学生管理工作的目的是维护学校的秩序和稳定，规范学生的行为，促进学生的全面发展。而规章制度则是学校为了保障教学、科研、生活秩序而制定的一种规章制度和管理措施。两者之间的关系是相辅相成、相互补充的。

首先，学生管理应该遵循规章制度，但不能仅仅是简单的执行和遵守，而是要在规章制度的基础上，针对学生的特点和需求，灵活、弹性地开展管理工作，做到以人为本、以情为怀，让学生感受到学校的关怀和关注，增强学生的归属感和认同感。

其次，规章制度是学生管理工作的重要依据和保障，它可以明确学生的行为标准和奖惩措施，保障学校的管理措施得以有效落实。但是，规章制度也不应该过于死板和严苛，要注意方式方法，充分考虑学生的权益和尊重其个性和特点。

最后，学生管理和规章制度之间应该是相互协调、相互促进的关系，而不是相互对立和冲突的关系。学生管理工作应该与规章制度相辅相成、相互补充，共同构成一个完整的管理体系，为学生提供更好的教育和服务。

综上所述，高校学生管理过程中要处理好学生管理与规章制度的关系，坚持以人为本、以情为怀的原则，注重灵活性和弹性，做到管理与服务相结

合，规章制度与人性化管理相结合，形成一个科学、规范、高效的管理体系，为学生提供更好的教育和服务。

（二）学生管理与思想政治教育的关系

首先，思想政治教育可以帮助学生树立正确的世界观、人生观和价值观，增强学生的社会责任感和使命感。

其次，学生管理和思想政治教育的目标是一致的，都是为了培养具有良好思想品德和文化素质的优秀人才。学生管理工作应该与思想政治教育相互配合，充分发挥思想政治教育的作用，学生管理工作也要关注学生的思想动态，预防和减少学生违法犯罪行为的发生。

最后，学生管理和思想政治教育的方法可以相互促进。学生管理工作可以借鉴思想政治教育的方法和手段，如开展各种形式的文化活动、心理健康教育等，丰富学生管理工作的方式和手段。同时，思想政治教育也可以借鉴学生管理工作的经验和方法，如开展学生自我管理和自我教育等。

六、高校学生管理的发展趋势

高校学生管理的发展趋势可以从以下几个方面来看（图 1-4）。

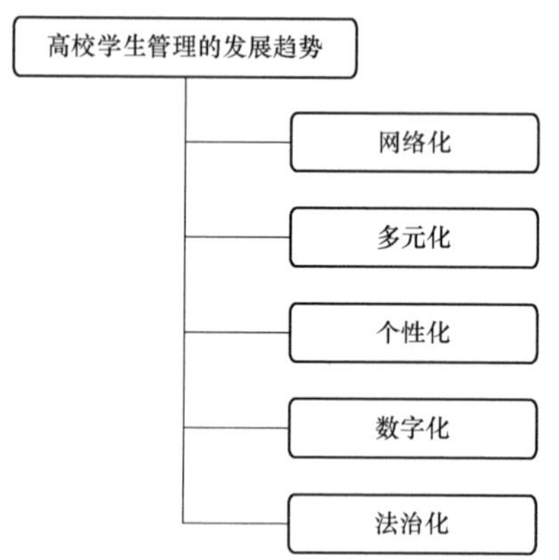

图 1-4　高校学生管理的发展趋势

（一）网络化

随着互联网的普及，高校学生管理工作也逐渐网络化。学生可以通过各

种在线平台，如微信公众号、班级微信群、网上校园等，获取学校最新的通知、资讯，参与学校的各种活动，与老师、同学进行交流。因此，高校学生管理工作也必须不断适应网络化的发展趋势，提高网络管理的效率和质量。

（二）多元化

随着社会的多元化发展，高校学生的思想观念、价值观念和行为方式也越来越多元化。因此，高校学生管理工作也必须多元化，采用更加开放、包容的管理方式，尊重学生的个性和差异，促进学生的全面发展。

（三）个性化

随着教育的个性化趋势，高校学生管理工作也必须更加个性化。学校应该根据学生的不同需求和特点，采用个性化的管理方式，为学生提供更加贴近实际的服务，提高学生的满意度和归属感。

（四）数字化

随着信息技术的发展，高校学生管理工作也必须数字化。学校可以通过数字化技术，如大数据分析、人工智能等，提高学生管理工作的效率和质量，为学生提供更加便捷、智能的服务。

（五）法治化

随着法治建设的不断完善，高校学生管理工作也必须法治化。学校应该遵守国家法律法规，制定符合国家法律法规和学校实际情况的管理制度，保障学生的合法权益，维护学校的稳定和安全。

第二节　高校学生管理的理念与价值

一、高校学生管理的理念

教育理念是指导教育行为、实践的重要指针。不同的教育理念会培养出不同的人才，只有坚持正确的教育理念，才能够有效地开展教育管理工作，培养出符合社会需要的人才。概括来说，高校学生管理的理念主要包括以下几个（图 1-5）。

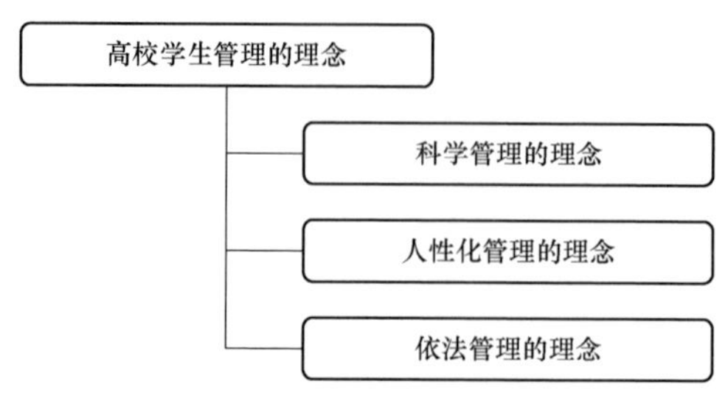

图 1-5　高校学生管理的理念

（一）科学管理的理念

高校学生管理应该遵循科学管理的理念，这是由于科学管理的理念和实践可以有效地提高学生管理工作的效率和质量，促进学生全面发展。以下是一些高校学生管理应遵循的科学管理理念。

1. 以学生为中心

高校学生管理应该以学生为中心，注重学生的需求和利益，尊重学生的个性和差异，为学生提供个性化、全方位的服务。

2. 系统管理

高校学生管理应该遵循系统管理的理念，将学生管理工作视为一个系统，全面规划、统筹安排、科学管理，实现管理工作的高效率和高质量。

3. 强调效率

高校学生管理应该强调效率，注重管理工作的效果和效益，追求管理工作的可持续发展。

4. 依靠科技

高校学生管理应该依靠科技，利用现代信息技术和教育技术，建立数字化学生管理系统，提高管理工作的效率和质量。

5. 服务育人

高校学生管理应该服务育人，注重学生的成长和发展，通过管理活动提高学生的综合素质和社会责任感，促进学生全面发展。

6. 公平公正

高校学生管理应该遵循公平公正的原则，公正、公开、透明地处理各种问题和纠纷，保障每个学生的合法权益。

7. 全员参与

高校学生管理应该强调全员参与，全校师生员工都应该参与到学生管理工作中来，共同营造良好的校园文化和氛围。

（二）人性化管理的理念

高校学生管理应该遵循人性化管理的理念。以下是一些高校学生管理应遵循人性化管理的理念。

1. 关注学生需求

高校学生管理应该关注学生的需求和利益，尊重学生的个性和差异，为学生提供个性化、全方位的服务。

2. 激发学生潜能

高校学生管理应该激发学生的潜能，注重学生的自我发展和自我实现，为学生提供更多的机会和平台，激发学生的创新精神和创造力。

3. 营造和谐氛围

高校学生管理应该营造和谐氛围，注重师生之间、学生之间的沟通和理解，增强学生的归属感和凝聚力，营造良好的校园文化和氛围。

4. 引导学生自律

高校学生管理应该引导学生自律，注重培养学生的自我管理和自我教育能力，帮助学生树立正确的价值观和人生观，形成良好的自我约束和自我管理习惯。

5. 重视心理健康

高校学生管理应该重视心理健康，关注学生的心理健康问题，为学生提供心理咨询和辅导服务，帮助学生克服心理困扰，促进学生身心健康发展。

6. 实行奖惩并举

高校学生管理应该实行奖惩并举，对优秀的学生给予表彰和奖励，对违纪违规的学生给予批评教育和相应的惩罚，营造良好的校园文化和氛围。

7. 尊重学生隐私

高校学生管理应该尊重学生隐私，保护学生的个人信息和隐私不受侵犯，为学生提供安全、舒适、稳定的校园环境。

（三）依法管理的理念

高校学生管理应该遵循依法管理的理念，以下是一些高校学生管理应遵循依法管理的理念。

1. 宪法至上

高校学生管理应该遵循宪法至上的原则，尊重宪法的权威和尊严，遵守宪法所规定的各项义务和权利。

2. 法律至上

高校学生管理应该遵循法律至上的原则，严格遵守国家法律法规和学校规章制度，依法保障学生的合法权益。

3. 制度管理

高校学生管理应该遵循制度管理的原则，建立健全的管理制度和规章制度，规范管理行为，确保管理工作的规范化和科学化。

4. 公开透明

高校学生管理应该遵循公开透明的原则，实行信息公开制度，保障学生的知情权和参与权，实现管理工作的公开、公正和透明。

5. 民主参与

高校学生管理应该尊重学生的民主参与权利，鼓励学生参与管理工作，让学生成为管理工作的主体之一，实现管理工作的民主化和科学化。

6. 社会责任

高校学生管理应该承担社会责任，关注学生的成长和发展，为学生提供符合社会需求和价值观的教育和支持，促进学生全面发展。

二、高校学生管理的价值

高校学生管理具有多重价值，主要表现为以下几个方面（图 1-6）。

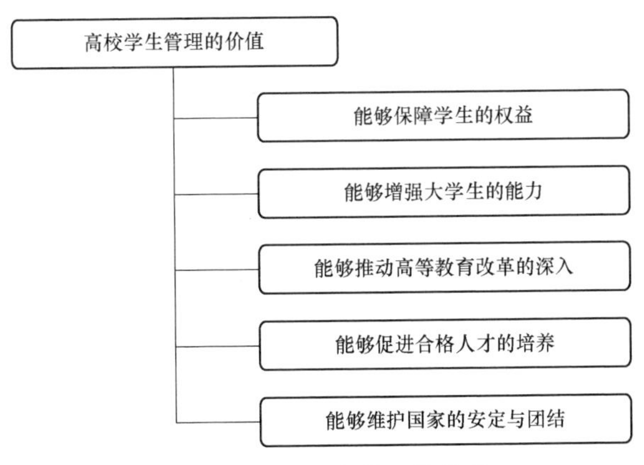

图 1-6　高校学生管理的价值

（一）能够保障学生的权益

高校学生管理能够保障学生的权益，这是由于高校学生管理制度的制定和实施依据国家有关法律法规和部门规章，体现了国家对于学生权益的重视和保障。学生作为法律主体，享有受教育权、知情权、申诉权等多项权利，同时也必须履行遵守校规校纪、完成学业等相应的义务。高校学生管理制度的严格执行和监督，可以有效保障学生权益的实现。因此，高校学生管理是保障学生权益的重要途径之一。

（二）能够增强大学生的能力

高校学生管理能够增强大学生的能力，这是由于学生管理工作的开展涉及众多方面的内容，如组织活动、协调管理、思想政治教育、心理健康辅导等。这些工作既可以帮助大学生全面发展，提高综合素质，也可以锻炼和提升大学生的各方面能力，如领导能力、组织能力、协调能力、沟通能力、创新能力、团队合作能力等。

（三）能够推动高等教育改革的深入

有效的高校学生管理能够在很大程度上促进高等教育改革的深化。学生管理不仅关系到学生的个人发展，也关系到高校教学水平的提升。如果能够加强对学生管理的重视和改革，可以建立起更加科学、合理、民主的学生管理体系，同时，有效的学生管理也可以减少学生的违纪行为和安全事故，提高校园安全水平，为高等教育改革的深化创造良好的环境和条件。

因此，高校学生管理是高等教育改革深化的重要推动力量。我们应该加强对学生管理工作的重视和投入，推进学生管理工作的现代化和科学化，建立起更加完善、有效的学生管理体系，为中国高等教育事业的发展注入新的活力和动力。

（四）能够促进合格人才的培养

高校学生管理工作可以通过制定科学合理的管理制度、规范学生行为，保障校园安全，营造良好的学习环境和氛围，为学生提供更好的学习条件和环境。另外，在高校学生管理工作中，全员育人意识的强化、科学监控机制的建立、丰富考核评价方式的推行以及信息数据的精细化管理都是十分重要的。只有全员参与、协同推进，才能真正实现高校学生管理工作与人才培养的有机融合，为培养合格人才发挥出更大的作用。

（五）能够维护国家的安定与团结

维护国家的安定与团结是高校学生管理工作的重要任务之一。高校学生管理工作涉及学生日常生活和学习的方方面面，包括思想政治教育、日常管理、安全管理、心理健康教育等。通过这些工作，可以有效地维护校园安全和稳定，增强学生的法治意识和纪律观念，提高学生的综合素质和自我管理能力，为国家培养更多优秀人才。

同时，高校学生管理工作还可以通过加强学生之间、学生与教师之间的交流与沟通，增进相互了解和信任，促进学生之间的团结和友爱，增强班级、学院、校园的凝聚力和向心力。这有助于培养学生成为具有国际视野、创新能力和领导才能的人才，为国家的发展和繁荣做出贡献。

此外，高校学生管理工作还可以通过开展志愿服务、文化活动等，促进学生的社会实践和公民责任感，提高学生的综合素质和国际竞争力。这对于弘扬爱国主义精神、传承优秀文化、培育青年人才具有重要意义。

第三节　高校学生管理的原则与方法

一、高校学生管理的原则

为了有效地进行高校学生管理，必须遵循正确的管理原则。概括来说，高校学生管理的原则主要包括以下几个（图 1-7）。

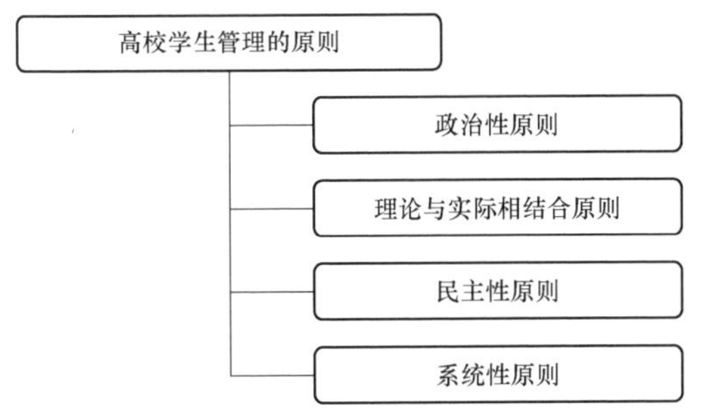

图 1-7　高校学生管理的原则

（一）政治性原则

高校学生管理应遵循政治性原则，指的是在学生管理过程中，应当遵循一定的政治标准和规范，坚持正确的政治方向，服从党和国家的政治领导，维护国家和社会的稳定和发展。具体来说，高校学生管理中的政治性原则包括以下几个方面。

1. 坚持社会主义道路

高校学生管理应当坚持社会主义的发展方向，遵循社会主义的政治、经济和文化政策，维护国家的统一和稳定。

2. 坚持人民民主专政

高校学生管理应当坚持人民民主专政，尊重和保障人民的权利和利益，建立和完善社会主义的民主制度和法治体系。

3. 坚持中国共产党的领导

高校学生管理是高校教育的重要组成部分，是高校人才培养的重要环节。高校学生管理的目的是培养符合国家和社会需要的高素质人才，促进学生的全面发展。因此，高校学生管理必须坚持中国共产党的领导，贯彻落实党的教育方针和政策，加强党对学生管理工作的领导和指导。

高校学生管理坚持中国共产党的领导，有利于加强党对学生管理工作的领导和指导，确保学生管理工作的正确方向；有利于发挥党组织的政治优势和组织优势，推动学生管理工作不断取得新的进展和成效。

（二）理论与实际相结合原则

高校学生管理应遵循理论与实际相结合原则，必须做好以下几个方面的工作。

1. 学习和掌握相关理论知识

高校学生管理工作人员应当加强学习和掌握相关的学生管理理论知识，了解学生的身心特点、发展规律和需求，熟悉相关政策法规，提高自身的管理水平和综合素质。

2. 实践与创新相结合

高校学生管理工作人员应当在实践中不断总结经验，创新工作方式和方法，将理论知识运用到实际工作中，提高管理工作的科学性和有效性。

3. 与学生沟通交流

高校学生管理工作人员应当加强与学生的沟通交流，了解学生的诉求和反馈，及时解决问题，增强学生的信任和支持，提高管理工作的效果。

4. 综合运用多种管理方法

高校学生管理工作人员应当运用多种管理方法，如思想政治教育、纪律处分、奖励激励等，综合运用到学生管理工作中，提高管理工作的效果和水平。

5. 加强自身修养和职业道德建设

高校学生管理工作人员应当加强自身修养和职业道德建设，树立服务意识和责任意识，以身作则，做好学生管理工作。

（三）民主性原则

高校学生管理应遵循民主性原则，指的是在学生管理过程中，应当遵循民主、公开、公正的原则，民主性原则是高校学生管理工作必须遵循的重要原则。这是由高校的教育属性和培养任务所决定的。在高校学生管理中，民

主性原则包括以下几个方面。

1. 学生参与管理

高校学生管理应当尊重学生的主体地位，鼓励和引导学生参与学生管理活动，如学生会、班级管理等，让学生成为学生管理的主体，增强学生的参与感和责任感。

2. 公开透明

高校学生管理应当坚持公开透明的原则，将学生管理的政策、措施、程序等信息及时公开，让学生了解相关政策和规定，增强学生的信任和支持，提高管理工作的效果。

3. 民主决策

高校学生管理应当建立民主决策机制，听取学生代表的意见和建议，使决策更加科学和公正，增强学生的认同感和归属感。

4. 保护学生权益

高校学生管理应当保护学生的权益，如制定规章制度时应当充分听取学生的意见和建议，保障学生的合法权益，增强学生的参与感和归属感。

（四）系统性原则

高校学生管理应遵循系统性原则，指的是在学生管理过程中，应当从整体上构建学生管理的系统模型和综合模块，实现学生管理的整体优化和协调发展。具体来说，在高校学生管理中应做到以下几个方面。

第一，高校学生管理应当从整体上构建学生管理的系统模型和综合模块，实现学生管理的整体优化和协调发展。

第二，高校学生管理应当注重各个环节和要素之间的相互联系和相互作用，实现学生管理的全面覆盖和全过程控制。

第三，高校学生管理应当关注学生的全面发展，注重培养学生的综合素质和能力，不仅仅是学习成绩的提高，还包括思想品德、文化素养、社会责任等方面的发展。

二、高校学生管理的具体方法

高校学生管理的具体方法有很多，可以根据不同的情况和需求进行选择和运用。以下是一些常见的高校学生管理的具体方法。

（一）纪律处分

纪律处分是高校学生管理的必要手段之一，是对学生不良行为的惩戒和教育。在实施纪律处分时，应当注意以下几点。

1. 事实清楚，证据确凿

在进行纪律处分前，应当仔细调查和收集证据，确保所涉及的问题和事实清楚明确，证据确凿可靠，避免出现冤假错案。

2. 程序正当，权责明确

在实施纪律处分时，应当严格按照规定程序进行操作，确保程序正当、权责明确，避免出现误判、错判等情况。

3. 尊重学生权益，注重教育引导

在实施纪律处分时，应当尊重学生的权益和尊严，注重教育引导，对学生进行耐心细致的说服教育，帮助学生正确对待错误，认识到自己的不良行为所带来的后果，并引导其及时改正。

4. 公开透明，及时公示

在实施纪律处分时，应当公开透明，及时公示处分决定，让学生了解自己的违纪事实和处分决定，增强对处分决定的认同感和信任度，促进学校管理工作的健康发展。

总之，在实施纪律处分时，应当坚持公平、公正、公开的原则，严格按照规定程序进行操作，同时注重对学生的关心和帮助，引导学生正确对待错误，及时改正，切实维护学生的合法权益和尊严，推进学校管理工作的科学化和规范化。

（二）奖励激励

奖励激励是高校学生管理的有效方法之一，在实施奖励激励时，应当注意以下几点。

1. 公平、公正、公开

在设置奖励措施时，应当遵循公平、公正、公开的原则，对所有符合条件的学生一视同仁，不偏袒、不歧视，确保奖励措施的公正性和透明度。

2. 与学生表现相匹配

奖励措施应当与学生的表现相匹配，对于表现优秀的学生给予更高的奖励，对于表现次之的学生给予较轻的奖励，确保奖励措施的有效性和针对性。

3. 及时、适度

在设置奖励措施时，应当及时、适度，根据学生的表现和学校的实际情况，适时调整奖励措施，鼓励学生继续保持优秀表现，同时也避免过度奖励导致学生产生骄傲情绪。

4. 与其他激励措施相结合

在实施奖励激励时，应当与其他激励措施相结合，如表现优秀学生可以获得更多的荣誉称号和资源支持，这样可以起到相互促进的作用，使得奖励激励的效果更加显著。

5. 与学生的个人发展规划相结合

在设置奖励措施时，应当考虑学生的个人发展规划，为学生提供更多的发展机会和选择，使得奖励激励不仅仅是为了鼓励学生刻苦学习、积极进取，同时也为学生的未来发展提供更多的支持和帮助。

（三）心理健康教育与咨询

心理健康教育与咨询是高校学生管理的重要内容之一，在实施心理健康教育与咨询时，应当注意以下几点。

1. 全面覆盖，重点关注

在设置心理健康教育与咨询计划时，应当全面覆盖学生群体，尤其是关注心理健康问题较为突出的学生，给予更多的关注和帮助。

2. 专业化、个性化

心理健康教育与咨询应当注重专业化、个性化，根据不同学生的心理问题和需求，提供相应的咨询和教育服务，帮助学生解决个性化的心理问题。

3. 积极引导，预防为主

在开展心理健康教育与咨询时，应当积极引导学生正确对待心理问题，预防心理问题的发生，而不是等到心理问题发生后才进行干预和处置。

4. 及时干预，避免扩大化

在发现学生存在心理问题时，应当及时进行干预和处置，避免问题扩大化和升级，同时也应当注意干预的方式和方法，确保学生的身心健康不受影响。

5. 家校合作，共同促进

在开展心理健康教育与咨询时，应当注重与家长的沟通和合作，共同促进学生的身心健康发展，形成家校合作的良好氛围。

（四）社会实践活动

社会实践活动是高校学生管理的有效途径之一，在组织学生参加社会实践活动时，应当注意以下几点。

1. 明确目的和任务

在组织学生参加社会实践活动前，应当明确活动的目的和任务，使学生能够充分了解活动的内容和要求，做好相应的准备工作。

2. 选择适当的活动

根据学生的年龄、专业和兴趣爱好等因素，选择适当的社会实践活动，确保活动具有针对性和实效性。

3. 加强组织和管理

在社会实践活动过程中，应当加强组织和管理，确保活动的安全和顺利进行，避免出现安全事故和管理混乱。

4. 做好评价和总结

在社会实践活动结束后，应当及时进行评价和总结，了解活动的效果和不足之处，为今后的活动提供经验和借鉴。

5. 与其他教育形式相结合

在开展社会实践活动时，可以与其他教育形式相结合，如思想政治教育、课堂教学等，形成综合性、全面性的教育效果。

6. 注重学生的参与和体验

在社会实践活动中，应当注重学生的参与和体验，使学生能够真正参与到实践活动中，感受到实践活动的意义和价值。

（五）网络舆情管理

在实施网络舆情管理时，应当注意以下几点。

1. 建立网络舆情监测机制

（1）一定要高度重视大学生在网络上发表的言论和表达的观点，因为大学生是国之未来，他们的茁壮成长关系到国家的繁荣发展，关系到中华民族的伟大复兴。

（2）学校可以建立专门的网站，让大学生关注学校官方网站，通过多种渠道了解学生的所思所想，还可以让学生提出宝贵的意见和建议。

（3）学校还可以针对学生热衷于网络交流的特点，建立专门的论坛，让学生自由发言，看到学生有不良的苗头，及时把问题消灭在萌芽状态。

（4）学校可以专门设立网络监管部门，由专门的人员负责监测大学生思想动态，及时发现问题，解决问题。

2. 加强网络信息管理

学校应当加强网络信息管理，建立健全的网络信息管理制度和规范，对学生在网络上发表的言论和表达的观点进行审核和管理，防止不良信息的传播和扩散。

3. 增强学生的网络素养

学校应当增强学生的网络素养，培养学生正确使用网络的能力和习惯，引导学生理性对待网络舆情，增强对网络信息的甄别和判断能力。

4. 加强与家长的沟通

学校应当加强与家长的沟通，了解学生在家庭生活中的情况和需求，引导家长关注并帮助学生解决在网络上出现的问题和困扰，形成家校合作的良好氛围。

5. 引导学生正确使用网络

学校应当引导学生正确使用网络，教育学生遵守网络道德规范，不传播不良信息，不参与网络暴力和欺诈行为，保护自己的合法权益和安全稳定。

（六）突发事件应急管理

可以通过制定应急预案、加强应急演练等方式，提高学生应对突发事件的能力和应急处置的水平。在实施突发事件应急管理时，应当注意以下几点。

1. 制定应急预案

学校制定应急预案非常必要，可以确保在突发事件中能够迅速、有序和有效地应对和处理。应急预案的制定应当明确以下内容。

（1）组织机构

建立应急领导小组和工作小组，明确各自的职责和任务，形成高效的应急指挥和管理体系。

（2）职责分工

对各个应急岗位和部门进行明确的职责分工，确保在应急响应过程中能够各司其职、各尽其责。

（3）应急响应流程

针对不同类型突发事件制定相应的应急响应流程，明确处置措施、应急联动和信息报告等方面的要求。

（4）应急资源

明确应急物资、装备、人力和信息技术等资源的配置和管理要求，确保在应急响应中能够及时调配和共享资源。

学校应当定期组织应急演练和培训，提高应急管理和应急处置的能力和水平，确保在突发事件发生时能够迅速、有效地进行应急处置。

2. 加强应急演练

学校应当加强应急演练，提高学生应对突发事件的能力和应急处置的水平。演练应当具有针对性和实效性，模拟真实的突发事件场景，让学生熟悉应急处置的流程和技能。

3. 提高学生的自救自护能力

学校应当把加强学生的自救自护教育作为一项重要的教学内容，通过开展知识讲座、技能培训和实战演练等活动，让学生掌握自救自护的知识和技能，提高安全意识和自我保护能力，确保在突发事件发生时能够正确、迅速地进行自救、自护。

4. 保障学生的身心健康

在开展应急管理工作的过程中，学校应当关注学生的身心健康，及时疏导和解决学生在应急管理过程中出现的心理问题，确保学生的身心健康。

5. 加强信息公开和沟通

学校应当加强信息公开和沟通，及时公开突发事件的相关信息，回应学生和家长的关切，增强信息透明度和公信力，促进校园和谐稳定。

第二章
高质量推进高校学生安全管理的策略研究

高校是培养社会主义接班人的场所，高校学生安全管理对于保障大学生的人身安全、维护校园的稳定以及促进社会的和谐稳定发展都具有重要意义。本章即对高校学生安全管理的相关知识进行系统研究。

第一节　安全管理的内涵

一、安全管理的概念

安全管理是指根据国家有关法规，运用科学管理的理论和方法，协调各种力量，预防各类事故危害、案件的发生和避免人员非正常伤亡的活动。

二、高校学生安全管理的概念

高校学生安全管理是指在教育教学、学习生活、实践活动等过程中，对可能发生的涉及学生的安全问题，运用有效的资源，采取科学的手段，发挥员工的作用，通过决策、计划、组织、协调、控制等活动，实现学校物资和环境、各管理环节过程中人与物、人与人之间的和谐，达到预防安全危机或安全事故发生的目的。

三、高校学生安全管理的特点

高校学生安全管理有以下特点（图 2-1）。

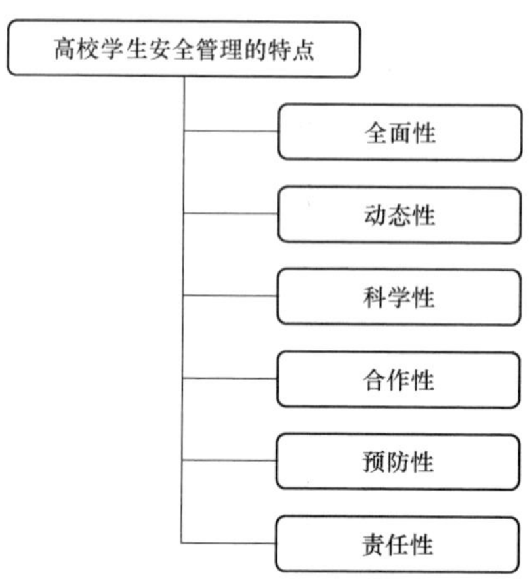

图 2-1　高校学生安全管理的特点

（一）全面性

高校学生安全管理具有全面性的特点，主要表现在以下几个方面（表 2-1）。

表 2-1　高校学生安全管理全面性特点的表现

高校学生安全管理全面性特点的表现	具体阐述
安全管理对象的全面性	高校学生安全管理涉及学生的学习、生活、实践等方方面面，包括学生的人身安全、财产安全、信息安全等方面，需要针对不同的安全问题采取相应的管理措施
安全管理内容的全面性	高校学生安全管理包括安全意识、安全知识、安全技能等方面，需要对学生进行全面的安全教育和培训，提高他们的安全意识和自我保护能力
安全管理主体的全面性	高校学生安全管理需要各方面的合作和支持，包括学校领导、管理人员、教师、学生等，需要全员参与、共同推进
安全管理过程的全面性	高校学生安全管理需要在决策、计划、组织、协调、控制等各个方面进行，通过有效的资源利用和科学的手段运用，达到预防安全危机或安全事故发生的目的

（二）动态性

高校学生安全管理具有动态性的特点，主要表现在以下几个方面（表 2-2）。

表 2-2　高校学生安全管理动态性特点的表现

高校学生安全管理动态性特点的表现	具体阐述
学生安全状态具有动态性	高校学生的安全状态是不断变化的，不同的学生处于不同的安全状态。学生安全管理人员需要针对不同的学生安全状态采取相应的管理措施，及时跟进和处理学生的安全问题
学生安全管理手段具有动态性	高校学生安全管理需要不断更新和改进管理手段，根据学生的需求和问题采取相应的管理措施。管理人员需要不断学习新的安全管理知识和技能，提高管理水平和效果
学生安全事件具有动态性	学生安全事件的发生和发展是一个动态的过程。管理人员需要及时掌握事件的发展情况，采取相应的应对措施，控制和处理事件

（三）科学性

高校学生安全管理具有科学性的特点，主要表现在以下几个方面（表 2-3）。

表 2-3　高校学生安全管理科学性特点的表现

高校学生安全管理科学性特点的表现	具体阐述
高校学生安全管理需要进行理论指导	高校学生安全管理需要遵循一定的理论指导，如安全管理学、心理学、社会学等理论，通过理论学习和管理实践，不断提高管理人员的管理水平和效果
高校学生安全管理需要进行数据分析	高校学生安全管理需要依靠一定的数据分析，如学生安全问题统计、事件发生规律分析等，通过数据分析，掌握学生的安全问题和发展趋势，为制定管理决策提供依据
高校学生安全管理需要进行风险评估	高校学生安全管理需要进行风险评估，如对校园安全隐患、学生心理问题等进行评估，制定相应的风险控制措施，预防安全事件的发生
高校学生安全管理需要进行经验总结	高校学生安全管理需要进行经验总结，如对学生安全管理实践中存在的问题进行总结和反思，对成功的经验进行总结和推广，不断提高管理水平和效果

（四）合作性

高校学生安全管理具有合作性的特点，主要表现在以下几个方面（表 2-4）。

表 2-4　高校学生安全管理合作性特点的表现

高校学生安全管理合作性特点的表现	具体阐述
部门合作	高校学生安全管理需要各部门的合作和支持，如学生处、保卫处、后勤处等部门，需要共同协调和配合，实现学生安全管理的全面覆盖和无缝对接

续表

高校学生安全管理合作性特点的表现	具体阐述
师生合作	高校学生安全管理需要师生合作，共同推动学生安全工作的开展。教师需要关注学生的安全问题，及时介入和解决；学生需要加强自我管理、自我保护，积极参与安全教育和培训
家校合作	高校学生安全管理需要家校合作，家长需要关注学生的安全情况，积极与学校沟通，共同帮助学生提高安全意识和自救能力
社会合作	高校学生安全管理需要与社会各界进行合作，如公安机关、医疗卫生机构等，共同为学生提供安全保障和支持

（五）预防性

高校学生安全管理具有预防性的特点，主要表现在以下几个方面（表 2-5）。

表 2-5　高校学生安全管理预防性特点的表现

高校学生安全管理预防性特点的表现	具体阐述
安全隐患排查	高校学生安全管理需要进行安全隐患排查，及时发现和处理存在的安全问题，预防安全事件的发生
安全教育	高校学生安全管理需要进行安全教育，提高学生的安全意识和自救能力，预防安全事件的发生
预警机制	高校学生安全管理需要建立预警机制，对可能出现的安全事件进行预警，及时采取相应的措施进行防范
应急预案	高校学生安全管理需要制定应急预案，针对不同的安全事件制定相应的应急措施，预防和减少安全事件的发生和影响

（六）责任性

高校学生安全管理需要各级管理人员具备较强的责任感和使命感，落实好安全管理各项工作，确保学生的安全和稳定。具体来说，各级管理人员需要做到以下几点。

第一，高度重视学生安全管理工作，认真履行安全管理职责和任务。

第二，及时掌握学生的安全状况，发现和解决存在的安全问题。

第三，做好学生安全意识的培育和提高工作，普及安全知识和技能，提高学生的自我保护能力。

第四，加强与各部门的协调和配合，共同推动学生安全工作的开展。

第五，严格执行监督检查和奖惩制度，确保各项工作得以有效执行和落实。

第六，在应急处置方面，要迅速、有效地处理和控制安全事件，防止事态扩大。

四、高校学生安全管理的影响因素

高校学生安全管理的影响因素主要包括以下几个（图 2-2）。

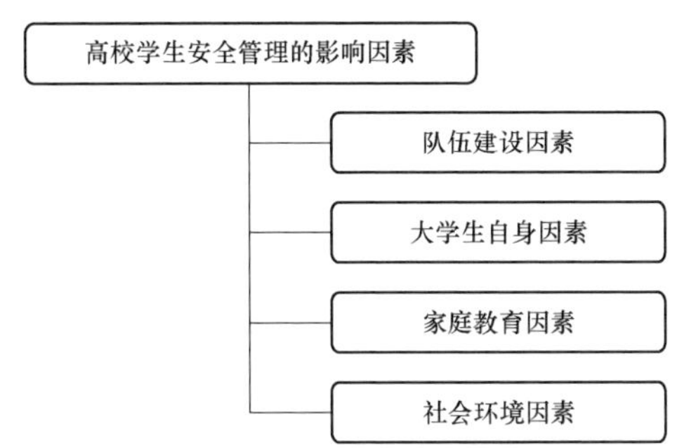

图 2-2　高校学生安全管理的影响因素

（一）队伍建设因素

高校校园安全对于大学的发展至关重要，而校园安全管理队伍是影响大学校园安全的关键因素。因此，高校管理者应该高度重视校园安全管理，确保安保人员和安保设备的投入到位，并将校园安全作为工作重心之一，以保障师生员工的安全和校园的稳定。

（二）大学生自身因素

大学生自身因素是高校学生安全管理的影响因素之一。以下是一些大学生自身因素对高校学生安全管理的影响。

1. 年龄和心理成熟度

大学生通常处于 18～22 岁之间，虽然年龄上已经成年，但有些学生的心理成熟度可能还不太成熟，容易受到情绪、环境等因素的影响，可能出现行为偏差、违纪违法等问题，增加学生安全管理的难度。

2. 自我保护意识

大学生在校园内生活和学习，需要具备一定的自我保护意识，如注意个人财物安全、防范网络诈骗等。然而，一些学生可能缺乏这方面的知识和意识，导致遭受不法侵害或者被骗，增加校园安全管理的压力。

3. 人际关系和行为习惯

大学生处于一个全新的人际关系环境中，不同的人际关系和行为习惯可能会带来一些冲突和安全隐患。例如，宿舍内部的矛盾、暴力冲突等问题，可能引发校园安全事件。

4. 学习压力和心理健康

大学生面临着学业上的压力和挑战，一些学生可能因为学习压力过大或者心理健康问题而出现各种问题，如沉迷网络游戏、逃课、自残等，这些都会影响学生的身心健康和校园安全管理。

因此，大学生自身因素对高校学生安全管理有着重要的影响。高校应该通过加强学生心理健康教育、提高学生自我保护意识、建立良好的人际关系和行为习惯等方面来提高学生的安全意识和应对能力，从而保障校园安全管理的有效实施。

（三）家庭教育因素

家庭教育因素是高校学生安全管理的影响因素之一。以下是一些家庭教育因素对高校学生安全管理的影响。

1. 家庭教育缺失

一些家长在教育孩子方面存在缺失，对孩子过于溺爱或放任不管，导致孩子缺乏正确的价值观、行为不端、难以适应大学生活等，从而增加了高校学生安全管理的难度。

2. 家庭教育方式

一些家长过于严厉或溺爱孩子，让孩子缺乏独立思考和解决问题的能力，孩子一旦离开家庭，很难独立面对各种生活问题和挑战，容易导致安全事件的发生。

3. 家庭氛围和家教

一些家庭氛围和家教比较宽松，家长对孩子缺乏管教，对孩子的不良行为采取宽容或者无所谓的态度，导致孩子缺乏正确的道德观念和行为规范，容易在高校生活中出现行为偏差或者违纪违法等问题。

4. 家庭背景

一些家庭背景比较复杂或者存在家庭问题，如单亲家庭、家庭暴力、父母离异等，这些都会对孩子的身心发展产生负面影响，也可能影响孩子在高校生活中的行为表现。

因此，家庭教育因素对高校学生安全管理有着重要的影响。家长应该重视家庭教育的作用，加强对孩子的引导和管教，培养孩子正确的价值观和行为规范，同时高校也应该与家长进行密切的沟通和合作，共同促进学生的健康成长和安全管理。

（四）社会环境因素

随着社会的发展和进步，高校学生接触到的社会环境和信息也越来越复杂和多样化。网络、手机等新媒体的普及，使得学生可以更加便利地获取信息，但同时也面临着更多的网络安全和不良信息等问题。此外，一些社会不良风气、不法分子的欺诈、犯罪行为等也会对学生的人身安全和财产安全造成威胁。

五、高校学生安全管理存在的主要问题

高校学生安全管理存在的主要问题包括以下几个（图 2-3）。

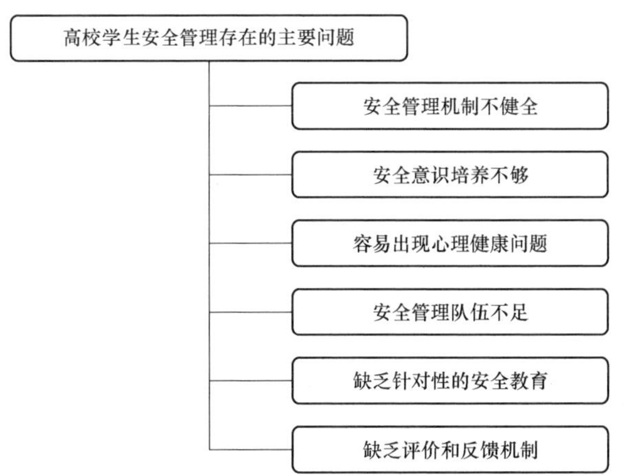

图 2-3　高校学生安全管理存在的主要问题

（一）安全管理机制不健全

目前，许多高校在校园安全管理方面存在机制不健全的问题，缺乏统一的管理和协调机制，导致各个部门之间缺乏有效的沟通和协作，使得校园安全管理工作的开展难度较大。

（二）安全意识培养不够

在高校中，学生、教师和工作人员的安全意识培养不够，对安全问题的认识和重视程度不足，缺乏自我保护和防范意识，导致在日常生活中容易忽略安全问题，给校园安全管理工作带来困难。

（三）容易出现心理健康问题

大学生的心理健康问题是高校安全管理中不可忽视的问题之一。部分学生在进入大学后面临学习、就业、人际交往等方面的压力，容易出现心理健康问题，甚至出现自杀等极端行为，给校园安全带来威胁。

（四）安全管理队伍不足

高校安全管理队伍的不足也是影响安全管理工作的因素之一。目前，许多高校在安全管理队伍方面存在人员配备不足、专业化程度不高、培训和管理不到位等问题，无法满足校园安全管理工作的需要。

（五）缺乏针对性的安全教育

当前许多高校在安全教育方面缺乏针对性和创新性，主要表现在以下几个方面。

1. 教育内容单一

许多高校的安全教育内容仅限于简单的安全知识和信息发布，缺乏生动性和实用性，难以引起学生的兴趣和参与。

2. 教育方式陈旧

很多高校仍然采用传统的讲座、宣传栏、海报等方式进行安全教育，缺乏互动性和体验性，难以达到预期的教育效果。

3. 缺乏个性化教育

不同学生的需求和实际情况不同，但很多高校并没有针对不同学生的个性化需求提供相应的安全教育，导致教育效果不佳。

4. 教育频率过低

一些高校只在新生入学时进行一次性的安全教育，而没有持续性的安全教育和培训，导致学生难以形成良好的安全意识和行为习惯。

（六）缺乏评价和反馈机制

一些高校在校园安全管理方面缺乏有效的评价和反馈机制，难以对安全管理效果进行科学评估和及时调整，导致安全管理水平和效果难以提高。

第二节　高校学生安全管理的原则与意义

一、高校学生安全管理的原则

高校学生安全管理的原则主要包括以下几个（图 2-4）。

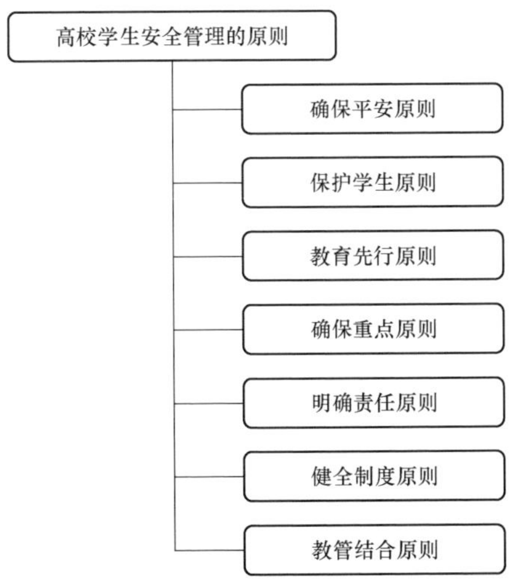

图 2-4　高校学生安全管理的原则

（一）确保平安原则

高校学生安全管理涉及的范围非常广，大到政治稳定、社会安全，小到学生自身安全、财产安全，都是高校学生安全管理的范围。在高校学生安全管理中，确保平安是第一个原则。在所有工作中，无论发生多少矛盾、多少次工作不顺利、多少人产生不满、多少次受到误解、多少个其他需要考虑的时间和事件，学生平安是最大的。无论什么事件发生，首先考虑的就是高校学生是否平安，在处理事件的过程中，平安原则要贯彻始终。

（二）保护学生原则

高校学生是校园的主要群体之一，他们的安全和健康问题直接关系到校园的和谐稳定和教育教学工作的顺利进行。在高校学生安全管理工作中，应该以学生为主体，针对学生的知识结构和年龄特点，开展安全教育和管理活动，旨在保护学生的安全和健康。

具体来说，高校应该加强学生安全教育，保障学生在校期间的人身安全和财产安全。同时，高校应该建立健全学生安全管理体系，完善学生安全管理机制，明确学生安全管理责任，确保学生安全管理工作的有效实施。此外，高校应该加强学生安全事件的预防和处置工作，及时发现和处理学生安全事件，保障学生的合法权益。

总之，高校应该重视学生安全管理的工作，严格按照国家和地方相关的法律法规及规章制度，采取有效的措施和方法，确保学生安全管理工作的有效实施，维护校园的和谐稳定和学生的合法权益。

（三）教育先行原则

教育先行原则就是在大学生安全管理中，注重发挥安全教育的预防作用，加强学生安全管理，预防安全事件的发生，保障学生的安全和健康。同时，在安全教育活动中，应该注重以人为本，针对学生的知识结构和年龄特点，开展符合学生需求的安全教育活动。此外，高校应该加强学生安全事件的预防和处置工作，及时发现和处理学生安全事件，保障学生的合法权益。

（四）确保重点原则

在学生安全管理工作中，应该遵循确保重点原则，即将有限的资源进行合理配置，优先保障重点领域和重要方面的安全。同时，高校应该建立健全的学生安全管理体系，完善学生安全管理机制，明确学生安全管理责任，确保学生安全管理工作的有效实施。

（五）明确责任原则

明确责任原则是高校学生管理应遵循的原则之一，原因有以下几点。

第一，明确责任原则可以确保学生管理工作的有效实施。

第二，明确责任原则可以促进各部门间的协作和配合。

第三，明确责任原则可以提高工作效率和质量。

因此，高校应该重视明确责任原则的实施，确保学生管理工作的有效实施，促进各部门间的协作和配合，提高工作效率和质量。

（六）健全制度原则

健全制度原则是高校学生管理应遵循的原则之一，原因有以下几点。

第一，健全制度原则可以确保学生管理工作的规范化和制度化。高校应该建立健全学生管理制度，明确学生管理责任，确保学生管理工作的规范化和制度化。

第二，健全制度原则可以促使学生管理工作的长期性和稳定性。高校应该建立长效机制，建立健全的学生管理制度，完善学生管理机制，明确学生管理责任，促使学生管理工作的长期性和稳定性。

第三，健全制度原则可以提高学生管理工作的科学性和规范性。高校应该建立科学的学生管理制度，完善学生管理机制，明确学生管理责任，提高学生管理工作的科学性和规范性。

（七）教管结合原则

教管结合原则的含义有以下几点。

第一，充分发挥教育的作用。高校应该加强学生安全教育，引导学生正确处理安全问题，避免安全事故的发生。

第二，充分发挥管理的作用。高校应该加强学生安全管理工作，建立健全的学生管理体系，完善学生管理机制，明确学生管理责任，确保学生管理工作的有效实施。

教管结合原则可以促使学生安全管理工作的科学性和规范性。高校应该建立科学的学生管理体系，完善学生管理机制，明确学生管理责任，提高学生管理工作的科学性和规范性。

二、高校学生安全管理的意义

高校学生安全管理的意义主要包括以下几个（图 2-5）。

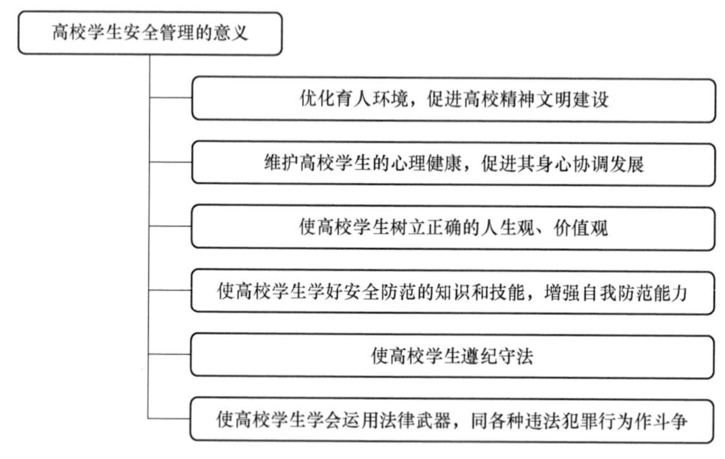

图 2-5　高校学生安全管理的意义

（一）优化育人环境，促进高校精神文明建设

通过有效的安全管理，可以营造一个安全、稳定、和谐的高校环境，促进大学生的身心健康发展。同时，高校学生安全管理也有助于培养大学生的安全意识、法律意识和道德观念，使他们成为文明礼貌、遵纪守法、具有社会责任感的人才。

（二）维护高校学生的心理健康，促进其身心协调发展

在高校学生安全管理中，需要关注大学生的心理健康问题，积极采取措

施预防和干预心理问题，为大学生提供一个健康、和谐、稳定的学习和生活环境。通过有效的安全管理，可以减少大学生面临的心理压力，提高其心理素质和适应能力，使其成为一个身心健康、全面发展的优秀人才。所以说，维护高校学生的心理健康，促进其身心协调发展，也是高校学生安全管理的重要目的。

（三）使高校学生树立正确的人生观、价值观

高校应该注重培养学生的正确人生观和价值观，通过课程设置、校园文化活动等多种途径，引导学生树立正确的行为规范和道德观念，提高安全意识和自我保护能力，促进学生的身心健康发展，从而保障校园的安全和稳定。

（四）使高校学生学好安全防范的知识和技能，增强自我防范能力

高校学生安全管理需要注重培养大学生的安全意识和自我保护能力，使他们掌握必要的安全防范知识和技能，能够正确地应对各种突发事件和危险情况。通过安全教育、应急演练等活动，可以增强大学生对安全问题的敏感性和应对能力，保障大学生的人身和财产安全。所以说，使大学生学好安全防范的知识和技能，增强自我防范能力，也是高校学生安全管理的重要目的之一。

（五）使高校学生遵纪守法

高校学生安全管理需要注重培养大学生的法律意识和纪律观念，使他们了解自己的权利和义务，遵守法律法规和校规校纪，不从事违法犯罪活动，不参与暴力、恐怖等极端行为。通过有效的安全管理，可以营造一个遵纪守法、文明和谐的学习和生活环境，促进大学生的健康成长和全面发展。因此，使大学生遵纪守法也是高校学生安全管理的重要目的之一。

（六）使高校学生学会运用法律武器，同各种违法犯罪行为作斗争

高校学生安全管理的重要目的是保障学生的生命安全和财产权益，同时也为了维护学校的正常秩序和教育教学的顺利开展。让大学生学会运用法律武器同各种违法犯罪行为作斗争，也是安全管理的一个重要方面。

为了保障学生的合法权益，高校应当建立健全的学生安全管理机制，加强对学生安全的教育和管理。同时，学生应当增强自我保护意识，掌握基本的法律知识，了解如何应对校园内的各种安全问题，如盗窃、欺凌、火灾等。

此外，高校应当加强与当地公安机关的联系，及时处理校园内的违法犯罪行为，维护学校的安全稳定。对于学生中出现的违法犯罪行为，高校应当依法依规进行处理，同时加强对学生的法制教育，让学生了解自己的权利和义务，知道如何遵守法律和运用法律武器维护自己的权益。

第三节　高校学生安全管理的策略研究

一、把高校学生安全管理纳入教学计划

把高校学生安全管理纳入教学计划是高校学生安全管理的实施策略之一。具体来说，高校应该将学生安全教育纳入教学计划，设置安全教育课程，编写安全教育教材，并对学生安全教育进行考核评估，以确保学生安全意识的提高和自我保护能力的增强。

安全教育课程可以包括以下方面的内容：安全意识的培养、防盗防骗、交通安全、消防安全、网络安全、心理健康等。编写安全教育教材时，应该根据学生的实际情况和需求，采用生动形象、图文并茂的方式，让学生容易理解和接受。同时，高校还应该加强安全管理的相关制度和基础设施建设，加强校园巡逻和安全管理，确保学生的生命财产安全。

二、强化教育阵地，拓宽教育途径

强化教育阵地，拓宽教育途径是高校学生安全管理的实施策略之一。具体来说，高校应该采取多种方式来拓宽学生安全教育的途径，包括利用新媒体平台、开展安全讲座、组织安全演练等。

（一）利用新媒体平台

新媒体平台可以提供丰富的安全教育内容，通过图文、视频、音频等形

式，让学生更直观、深入地了解安全知识。同时，新媒体平台还可以实现互动式安全教育，与学生进行有效的沟通，及时解决学生的安全问题。

具体来说，高校可以利用以下新媒体平台来拓宽学生安全教育的途径。

1. 微信公众号

高校可以开设微信公众号，发布安全教育文章、视频等，让学生随时随地阅读和学习安全知识。同时，微信公众号还可以提供在线问答、互动调查等服务，及时了解学生的安全需求和问题。

2. QQ 群

高校可以建立安全管理 QQ 群，发布安全教育信息、开展安全教育讨论，让学生在线上交流和分享安全知识。同时，QQ 群还可以实现实时视频、语音通话等功能，方便师生进行远程指导和应急处理。

3. 抖音、快手等短视频平台

高校可以利用短视频平台制作、发布安全教育短视频，让学生在轻松愉快的氛围中掌握安全知识。同时，短视频平台还可以实现粉丝互动、评论等功能，及时解答学生的疑问和问题。

4. 在线教育平台

高校可以借助在线教育平台开展安全管理课程，提供完善的安全教育课程体系，让学生按照自己的进度和需求进行学习。同时，在线教育平台还可以实现作业、考试等功能，对学生安全知识进行考核和评估。

通过以上新媒体平台的运用，高校可以丰富学生安全教育的途径，提高安全教育的效果和质量。同时，高校也应该注重新媒体平台的内容创作和推广方式，确保安全教育内容的质量和吸引力。

（二）开展安全讲座

高校可以开展安全讲座来拓宽学生安全教育的途径。安全讲座可以邀请相关领域的专家、学者或政府官员来为学生进行安全知识培训，也可以邀请具有实践经验的人员来讲解相关案例。通过安全讲座，高校可以将丰富的安全知识传递给学生，帮助学生了解各种安全问题，提高学生的安全意识和自我保护能力。

在开展安全讲座时，高校应该注意以下几点。

1. 确定讲座内容

高校应该根据学生的需求和安全形势，确定安全讲座的内容，确保讲座的针对性和实用性。

2. 邀请讲座嘉宾

高校应该邀请有经验、有资质的专家、学者或实践人员来担任讲座嘉宾，确保讲座的质量和权威性。

3. 组织讲座活动

高校应该组织好讲座的场地、时间、宣传等各项工作，确保讲座的顺利进行。

4. 做好后续工作

高校应该在讲座后，对讲座效果进行评估和总结，做好后续改进工作，提高安全讲座的质量和效果。

通过开展安全讲座，高校可以拓宽学生安全教育的途径，为学生提供更全面、更深入的安全知识培训。

（三）组织安全演练

安全演练是通过模拟实际安全事故，让学生在真实的情境中学习安全知识，提高应急处理和自我保护能力的一种有效方式。

在组织安全演练时，高校应该注意以下几点。

1. 制订演练计划

高校应该根据学生的实际需求和安全形势，制订安全演练计划，确定演练的内容、时间、地点等。

2. 组织演练队伍

高校应该组织好演练的队伍，包括指挥、组织、实施等人员，确保演练的顺利进行。

3. 准备演练物资

高校应该准备好演练所需的物资，包括应急药品、救援设备等，确保演练的效果和质量。

4. 做好后续工作

高校应该在演练后，对演练效果进行评估和总结，做好后续改进工作，

提高安全演练的质量和效果。

通过组织安全演练，可以为学生提供更全面、更深入的安全知识培训，提高学生的应急处理和自我保护能力。同时，高校也应该将演练的经验和成果应用到实际的安全管理工作中，提高安全管理工作的效果和质量。

三、以宿舍为重要阵地，做好大学生的安全管理工作

宿舍是大学生生活的重要场所，也是高校安全管理的重要阵地。高校应该加强宿舍安全管理，确保学生的生命财产安全。具体来说，高校应该采取以下措施。

（一）加强宿舍安全设施建设

高校应该加强宿舍安全设施建设，确保学生的生命财产安全。具体来说，应该安装监控设备、消防设施等，提高宿舍的安全防范能力。同时，也应该注重宿舍安全设施的日常维护和管理，确保其正常运行。

（二）建立宿舍安全管理制度

高校应该制定宿舍安全管理制度，明确安全管理工作的职责和流程，确保安全管理工作的有效实施。

（三）加强宿舍安全管理队伍建设

高校应该建立宿舍安全管理队伍，确保安全管理工作的效果和质量。在建立宿舍安全管理队伍时，应该考虑到以下几个方面。

1. 选拔人才

高校应该选拔具有安全管理知识和经验的人才，组成宿舍安全管理队伍。

2. 组织培训

高校应该组织宿舍安全管理队伍的培训，提高他们的安全意识和安全管理能力。

3. 明确职责

高校应该明确宿舍安全管理队伍的职责，确保他们能够有效地开展安全管理工作。

4. 建立考核机制

高校应该建立考核机制，对宿舍安全管理队伍的工作进行评估和总结，提高安全管理工作的效果和质量。

通过以上措施的实施，高校可以建立出一支高效、专业的宿舍安全管理队伍，做好大学生的安全管理工作。

（四）开展宿舍安全教育活动

高校应该开展宿舍安全教育活动，让学生了解宿舍安全知识，提高学生的安全意识和自我保护能力。在开展宿舍安全教育活动时，应该考虑到以下几个方面。

1. 教育内容

高校应该结合本校实际情况，设计适合学生的宿舍安全教育内容，包括安全制度、安全常识、应急处理等。

2. 教育形式

高校应该采用多种形式的教育方式，如讲座、演练、展览等，让学生能够轻松、深入地了解宿舍安全知识。

3. 教育时间

高校应该选择合适的时间开展教育活动，如开学、放假前、重大活动前等，确保学生的安全意识和自我保护能力得到提高。

4. 教育效果评估

高校应该对宿舍安全教育活动的效果进行评估和总结，及时调整教育内容和形式，提高教育效果和质量。

（五）做好宿舍安全隐患排查工作

高校应该定期开展宿舍安全隐患排查工作，及时发现和解决宿舍安全问题，确保学生的生命财产安全。在开展宿舍安全隐患排查工作时，应该考虑到以下几个方面。

1. 排查范围

排查应该全面覆盖宿舍区域，包括公共区域、寝室内部、床铺等，确保排查范围全面。

2. 排查内容

高校应该针对可能存在的安全问题进行排查，如电线电缆是否老化、燃气管道是否漏气、消防设施是否齐全等。

3. 排查频率

高校应该根据实际情况，定期开展宿舍安全隐患排查工作，如每月一次、每学期一次等。

4. 排查结果处理

高校应该对排查结果进行及时处理，如维修老化设施、更换漏气管道、清理消防通道等，确保宿舍安全问题得到及时解决。

5. 排查记录

高校应该做好排查记录，如记录排查时间、人员、发现问题、处理情况等，以便于查阅和管理。

通过以上措施的实施，高校可以以宿舍为重要阵地，做好大学生的安全管理工作，确保学生的生命财产安全。同时，高校也应该注重其他安全管理工作的实施，如加强校园巡逻、与家长建立联系等，形成全方位、全过程的学生安全管理体系。

四、以案例教育为重点，做好大学生的安全教育工作

在实践中，高校应该将案例教育作为安全管理的重点，通过案例解析、案例模拟等方式，让学生深入了解安全问题，提高安全意识和自我保护能力。以案例教育为重点，做好大学生的安全教育工作，必须关注以下几点。

（一）建立案例教育库

通过建立案例教育库，可以更好地做好大学生的安全教育工作。在建立案例教育库时，应该考虑到以下几个方面。

1. 案例的收集

高校应该收集与本校实际情况相符的案例，包括安全事故、安全事件、安全演练等，确保案例的代表性和警示作用。

2. 案例的分析

高校应该对收集到的案例进行分析，总结出案例的起因、经过和结果，

以及案例所涉及的安全问题、防范措施等，确保案例解析的准确性和完整性。

3. 案例的分类

高校应该对分析后的案例进行分类，按照安全问题的类别、等级、频率等标准进行分类，确保案例检索的便捷性和针对性。

4. 案例的教育

高校应该将案例解析结果融入安全教育的内容中，采用讲座、展览、比赛等多种形式，让学生深入了解安全问题，提高安全意识和自我保护能力。

5. 案例的评估

高校应该对安全教育活动的效果进行评估和总结，及时调整教育内容和形式，提高教育效果和质量。

通过以上措施的实施，高校可以建立出一个完善的案例教育库，更好地做好大学生的安全教育工作，确保学生的生命财产安全。

（二）根据环境、季节等变化规律，适时地开展案例教育

在实践中，高校应该根据季节、天气、环境等因素，合理安排安全教育的内容和形式。例如，在夏季，应该加强对学生防溺水、防中暑的教育；在冬季，应该加强对学生防火、防盗的教育。同时，高校也应该根据安全形势的变化，及时更新案例教育库的内容，确保案例的代表性和警示作用。

五、点面结合，突出重点

在实践中，高校应该将安全管理工作落实到具体的点面结合的措施中，通过突出重点，来更好地做好大学生的安全管理工作。具体来说，高校应该将安全管理工作分为多个层面，如学生宿舍、教学区、校园公共区域等，针对不同的区域采取不同的管理措施。同时，高校也应该在安全管理措施中注重突出重点，如加强对校园公共区域的巡逻、对宿舍设施的定期检查等，以确保安全管理工作的高效和有效。在实施点面结合、突出重点的安全管理策略时，高校应该注重以下几点。

（一）区域的划分

高校应该将安全管理区域划分为不同的点，如学生宿舍、教学区、校园

公共区域等，并针对不同的区域采取不同的管理措施。

（二）重点的突出

高校应该在不同的区域中注重突出重点，如加强对校园公共区域的巡逻、对宿舍设施的定期检查等，以确保安全管理工作的高效和有效。

六、以班级和党团组织为依托，引导大学生自我安全教育和管理，实现自我服务

在实践中，高校应该以班级和党团组织为依托，引导大学生开展自我安全教育和管理，实现自我服务。具体来说，应做到以下几方面。

（一）引导大学生参与学校的安全防范管理工作

在实践中，高校应该引导大学生积极参与学校的安全防范管理工作，以提高安全管理工作的质量和效率。具体来说，高校可以通过招募学生志愿者、选拔学生干部等方式，让学生参与到学校的安全防范管理工作中来。例如，可以组织学生志愿者开展安全知识宣传、安全巡逻等活动，选拔学生干部担任安全管理工作的干部，协助学校开展安全管理工作。在实施引导大学生参与学校的安全防范管理工作时，高校应该注重以下几点。

1. 组织的建立

高校应该建立完善的学生组织，选拔出有组织能力的学生担任干部，负责组织和开展安全防范管理工作。

2. 工作的分配

高校应该合理分配安全防范管理工作，让学生参与到实际的工作中，以提高学生的实际操作能力和责任心。

3. 效果的评估

高校应该对引导大学生参与学校的安全防范管理工作的效果进行评估和总结，及时调整工作分配和内容，提高工作效果和质量。

4. 反馈的收集

高校应该及时收集学生对引导参与学校安全防范管理工作的反馈，及时调整工作分配和内容，确保工作的针对性和有效性。

（二）引导大学生实现自我安全教育

大学生的自我安全教育更贴近大学生实际生活，更有说服力和感召力。通过适时的、有针对性的大学生自我教育活动，确实可以更好地达到自我教育的目的。以下是一些具体的建议。

1. 支持以班级和社团为单位开展安全教育活动

组织安全教育活动是提高大学生安全意识和自我保护能力的重要途径之一。以下是一些可以开展的安全教育活动。

（1）安全知识竞赛

组织安全知识竞赛可以激发学生的兴趣，增加学生对安全知识的了解和掌握，提高安全意识。

（2）安全知识讨论

组织安全知识讨论可以让学生之间互相交流、分享安全经验和技能，从而提高自我保护能力。

（3）安全知识信息交流会

组织安全知识信息交流会可以邀请专业人士、校友等分享安全经验和技巧，增加学生的安全知识储备，提高安全意识。

（4）模拟演练

组织模拟演练可以让学生亲身体验安全事件，了解应对方法和措施，提高应对突发事件的能力。

除了以上活动，还可以通过班级和社团开展其他形式的安全教育活动，如安全提示海报设计比赛、安全教育讲座等。同时，高校应该加强对安全教育活动的支持和指导，提供必要的资源和支持，确保活动的效果和影响力。

2. 鼓励开展以安全教育为主题的文艺节目演出

文艺节目演出是大学生活中一种常见的活动形式，可以通过演出中的歌曲、小品、话剧等形式，来传达安全教育信息，让大学生在娱乐的同时接受安全教育。

3. 开展安全教育实践活动

除了理论教育外，还可以通过实践活动来加强大学生的自我安全教育。比如组织学生进行消防演练、模拟突发状况应急处置等实践活动，让大学生

在实际操作中掌握安全技能。

4. 加强大学生心理健康教育

自我安全教育的实施需要大学生具备一定的心理素养。高校应该加强大学生的心理健康教育，引导大学生正确面对压力和挫折，提高心理素质和自我调节能力，从而更好地预防和应对安全事故。

七、扎实开展调查研究，不断探索大学生安全管理的新内容与新途径

（一）注重对学生网络行为的调研

高校定期开展对学生网络行为的调研，可以帮助高校掌握学生的网络行为特点，为后续的安全管理提供参考。具体而言，高校可以通过以下步骤开展相关调研。

1. 确定调研目的和内容

高校应该明确调研的目的和内容，例如了解学生的网络使用情况、网络习惯、网络行为等问题，以及掌握学生的网络行为特点，为后续的安全管理提供参考等。

2. 设计调研问卷

高校应该根据调研目的和内容，设计出相应的调研问卷，问卷应该包含相关的调查问题、选项等，以确保调研结果的准确性和可靠性。

3. 开展调研活动

高校可以通过线上或线下的方式开展调研活动，如发放问卷、组织座谈会、进行个案调查等，以了解学生的网络行为特点和可能存在的安全隐患。

4. 整理和分析数据

高校应该对收集到的数据进行整理和分析，以得出调研结果和结论，为后续的安全管理工作提供参考和支持。

5. 定期开展跟进调研

高校应该定期开展跟进调研，以了解学生的网络行为变化和安全隐患的变化情况，并及时采取相应的措施进行防范和处理。

通过以上步骤，高校可以定期开展对学生网络行为的调研，了解学生的

网络行为特点和可能存在的安全隐患，为后续的安全管理提供参考和支持，更好地做好大学生安全管理工作。

（二）重视对学生社会生活的调研

高校应重视对学生社会生活的调研，以更好地做好大学生安全管理工作。在实践中，高校可以通过以下几种方式来了解学生的社会生活情况。

1. 开展相关调研

高校可以定期开展对学生社会生活的调研，了解学生的社交圈子、社交行为等问题，从而掌握学生的社会生活特点和规律，为后续的安全管理提供参考。

2. 建立学生社交行为档案

高校可以建立学生社交行为的档案，记录学生的社交圈子、社交行为等情况，对数据进行统计和分析，从而了解学生的社交行为特点和规律，以及可能存在的安全隐患。

3. 发挥学生自我监督机制

高校可以鼓励学生之间相互监督，及时发现和报告不良社交行为，发挥学生自我监督机制的作用，从而更好地保障校园社交安全。

4. 开展个案调查

对于个别学生的特殊社交行为，高校可以进行个案调查，了解其社交行为的具体情况，以确定是否需要采取相应的措施进行防范和处理。

通过以上方式，高校可以更好地了解学生的社会生活情况和社交行为特点，掌握学生的社交行为规律和安全隐患，为做好大学生安全管理工作提供有力支持。同时，高校也应该注意在调研过程中保护学生的隐私权和信息安全，遵守相关法律法规和学校规章制度，确保调研工作的合法、合规和有效性。

八、层层落实，责任到人

层层落实，责任到人是高校学生安全管理的重要实施策略，具体而言可以通过以下步骤实现。

（一）明确各级责任

高校应该明确各级责任，即学生工作部门、院系、辅导员、宿舍管理员等各级责任，并建立相应的责任体系，确保每个层级都有明确的责任和工作范围。

（二）制定责任清单

高校应该制定责任清单，明确各级责任的具体任务和要求，以确保各项工作都有明确的责任人和任务目标。

（三）签订责任书

高校应该与各级责任人签订责任书，明确其职责和工作任务，并要求其严格按照责任清单执行各项工作。

（四）建立监督机制

高校应该建立监督机制，对学生安全管理工作的各个环节进行监督和检查，及时发现和解决问题，确保各项工作能够得到有效的落实和执行。

（五）层层落实责任

高校应该层层落实责任，即从学生工作部门到院系、辅导员、宿舍管理员等各级责任人，都要明确自己的职责和工作任务，并严格按照要求进行工作，确保各项工作能够得到有效的执行和落实。

通过以上步骤，高校可以实现层层落实，责任到人，确保学生安全管理工作得到有效实施。这不仅可以有效预防和应对各种安全问题，还可以提高学生的安全意识和自我保护能力，保障学生的生命财产安全。

第三章
高质量推进高校学生学习管理的策略研究

学习活动是高校学生主体活动的重要组成部分，通过学习活动，大学生可以获得专业知识和技能，达到教育的基本目的。同时，学习活动也会对大学生的心理发展和职业发展产生重要影响，因此，培养良好的学习心理对于提高大学生的学习质量和效率具有特别重要的意义。

第一节　学习管理的内涵

一、学习的概念

学习是指通过一定的方式和途径，获得知识和技能的过程，是人们生存和发展的必要手段。学习不仅仅是指在学校中的学习和考试，更是指一个人在生活中的所有经验和积累。学习是一个持续不断的过程，它需要不断地探索、尝试、实践和反思，以不断地提高自己的能力和素质，适应不断变化的社会和环境。

二、学习的特点

概括来说，学习的特点主要包括以下两个（图 3-1）。

图 3-1　学习的特点

（一）意识性

人的学习具有意识性的特点，这是人类学习与动物学习的重要区别之一。人的意识性特点使得人们在学习过程中能够更加主动、积极地参与，按照一定的计划和目的进行学习，并且能够对自己的学习过程进行反思和调整，以取得更好的学习成果。

具体来说，人的意识性特点包括以下几个方面。

第一，学习是有目的、有计划的行为。人们在学习之前通常会制订学习计划和目标，按照一定的方向和目的进行学习。

第二，学习是一种自我发展和完善的过程。通过学习，人们可以不断提高自己的认知和情感水平，发展自己的个性，实现自我价值的最大化。

第三，学习需要付出努力和持续不断地练习。人们需要不断地尝试和练习，以取得学习的成果。

第四，学习是一种社会性的行为。人们在学习过程中会与他人进行交流和互动，从他人那里获取知识和技能，同时也向他人展示自己的学习成果。

第五，学习是一种创造性的行为。通过学习，人们可以开拓思路、创新方法，从而取得独特的成果和突破。

（二）社会性

在现代社会中，由于科学技术的发展和社会的变迁，学习的社会性特点也变得更加突出和明显。人们需要不断地学习适应社会的变化，学习新的知识、技能和社会规范。具体来说，学习的社会性特点主要包括以下几个。

1. 学习是在社会环境下发生的

人类的学习行为通常发生在家庭、学校、社区等社会环境中。这些环境提供了各种资源和互动机会，有助于个体学习和发展。

2. 学习涉及与其他人的互动

学习过程中，个体通常需要与其他人进行交流、讨论和合作，从而形成社会互动。这些互动可以帮助个体理解和学习新的概念、技能和知识。

3. 学习涉及共享和传递知识

在社会学习中，个体不仅需要理解和吸收知识，还需要将其传递给他人，以便共享和积累知识。

4. 社会性学习可以促进个体的发展

社会学习可以帮助个体获得新的视角、技能和知识，从而促进其个人和社会发展。

5. 社会性学习可以提高学习者的自我意识

在社会学习中，个体需要关注他人的反应和期望，从而更好地理解自己，提高自我意识。

三、学习的类型

根据不同的分类标准，学习可以分为不同的类型。

（一）根据学习目标进行分类

根据学习目标进行分类，学习可以分为知识学习、技能学习和社会规范学习。

1. 知识学习

知识学习是指学习者掌握新的事实和信息的过程，这些事实和信息被编码成各种符号形式，如语言、文字、图像等。知识学习的目的在于增加个体的知识存储和信息处理能力。

2. 技能学习

技能学习是指学习者掌握新技能的过程，这些技能包括身体技能、认知技能和行为技能等。技能学习的目的在于提高个体的操作能力和行为表现。

3. 社会规范学习

社会规范学习是指学习者掌握社会规范和价值观念的过程，这些规范和价值观念被内化为个体的态度和行为准则。社会规范学习的目的在于提高个体的社会适应能力和道德水平。

（二）根据学习方式进行分类

根据学习方式进行分类，学习可以分为接受学习、发现学习、机械学习和意义学习等。

1. 接受学习

接受学习是指学习者通过教师的讲解、演示、阅读等指导方式来获取知识的学习过程。接受学习强调学习者的接受和记忆，注重知识量的积累和提高。

2. 发现学习

发现学习是指学习者通过自身探索和发现来获取知识的学习过程。发现学习强调学习者的探究和发现能力，注重知识质的变化和提高。

3. 机械学习

机械学习是指学习者通过反复练习和记忆来掌握技能的学习过程。机械学习强调学习者的记忆和熟练程度，注重技能量的提高。

4. 意义学习

意义学习是指学习者通过理解知识内在联系和意义来掌握技能的学习过程。意义学习强调学习者的理解和运用能力，注重技能质的变化和提高。

（三）根据学习水平进行分类

根据学习水平进行分类，学习可以分为感觉、知觉、记忆、思维和想象等不同层次和水平。

1. 感觉

感觉是指学习者的感觉器官感知外部刺激的过程，如视觉、听觉、触觉等。

2. 知觉

知觉是指学习者对感觉信息进行组织和解释的过程，如对物体的形状、颜色、空间位置等特性的感知和理解。

3. 记忆

记忆是指学习者将感知到的信息存储在大脑中，并在需要时提取出来的过程，包括感觉记忆、短时记忆和长时记忆等。

4. 思维

思维是指学习者运用已有的知识和经验，通过推理、判断、概括和解决问题等过程来获取新知识、解决问题和进行决策的能力。

5. 想象

想象是指学习者在头脑中创造出新的形象和情境，以帮助理解和探索问题，如阅读、创作和角色扮演等过程。

四、学习的心理基础

学习的心理基础主要包括智力因素、非智力因素和特殊能力等（图 3-2）。

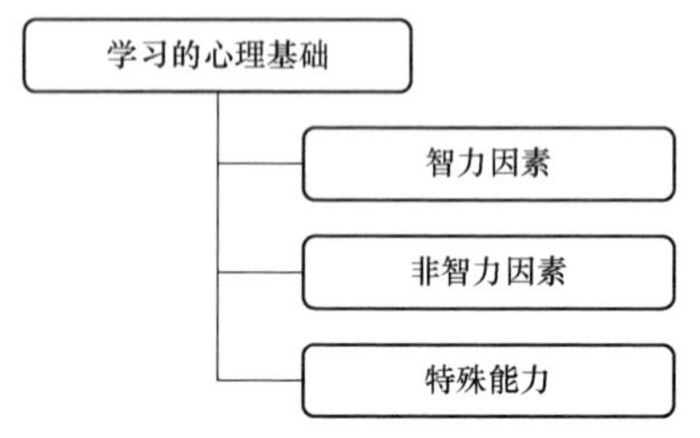

图 3-2　学习的心理基础

（一）智力因素

智力因素是指由认知、观察、记忆、思维、想象等心理因素构成的心理基础，是学习过程的基本心理条件。智力因素对学习效果产生直接的作用，主要包括注意、观察、记忆、思维和想象等心理过程。

（二）非智力因素

非智力因素是指由兴趣、动机、意志、情感等心理因素构成的心理基础，对学习过程产生间接的影响。非智力因素能够调节学习过程中的心理状态和情绪，从而影响学习效果。

（三）特殊能力

特殊能力是指在学习过程中表现出来的、与学习密切相关的特殊能力，如语言能力、数学能力、音乐能力等。特殊能力对学习效果产生特定的影响，是学习过程中的重要因素之一。

总之，学习的心理基础包括智力因素、非智力因素和特殊能力等方面，这些因素共同作用，影响学习效果和学习结果。了解学习的心理基础有助于提高学习效果和学习效率，同时也能够更好地满足学习者的需求和期望。

五、大学生的学习

（一）大学生学习的特点

1. 大学生学习的普遍特点

大学生学习的普遍特点主要包括以下几个。

（1）自主性

自主性是大学生学习的特点之一。在大学阶段，学生需要更多地自主管理自己的学习生活，包括规划自己的学习、选择自己的学习方法、解决学习中的问题等。

（2）专业性

在大学阶段，学生需要学习专业知识，这些知识是根据学科和专业进行分类的。大学生通常需要在特定的学科或专业中深入学习，以便掌握该领域的核心知识和技能。在学习过程中，大学生需要了解该领域的最新研究进展和实践经验，以加深对该领域的理解和掌握。

此外，大学教育旨在培养具有专业知识和能力的人才。大学生需要接受专业课程和实践训练，以掌握专业知识和技能，并具备解决实际问题的能力。他们还需要参加实习、实践和毕业设计等环节，以获得专业实践经验，提高自己的综合素质。

（3）多样性

除了在课堂上进行学习外，大学生还可以通过参加各种学术团体、学术会议、科研项目、社会实践等方式来拓展自己的知识领域。同时，大学生还可以通过网络学习、在线教育等方式来获取更多的学习资源，满足自己的学习需求。

（4）探索性

大学生在学习过程中不仅仅局限于课程要求的教材，还需要通过阅读相关文献、参加学术讲座、参与科研项目等方式进行知识的探索与发现。此外，大学生还需要在学习中注重创新与创造力的培养，通过实践、实验等方式解决实际问题，培养自己的创新精神与创造能力。因此，探索性是大学生学习的重要特点之一。

（5）创新性

大学生在学习过程中需要注重创新思维的培养，通过参与科研项目、参加创新创业比赛、开展实践活动等方式，提高自己的创新能力。同时，大学生还需要注重知识的探索与发现，通过阅读相关文献、参加学术讲座等方式，了解学科前沿动态，开阔自己的视野。

2. 大学生学习的阶段特点

大学学习可分为三个阶段，即进校初期、大学中期、毕业时期。

（1）进校初期

大学生进校初期是学习基础理论课的重要阶段，在这一阶段，学生需要注重对基础知识的掌握，培养对学习的兴趣和热情，提高自己的学习能力和思维能力。

为了实现这一转变，学生需要积极主动地参与课堂讨论、寻求教师的帮助和指导，同时也需要充分利用学校的资源，如图书馆、网络、科研项目等，提高自己的学习效果和能力。此外，学生还需要注重自我管理，合理规划学习时间、分配学习任务，提高自己的学习效率和质量。

（2）大学中期

在这一阶段，学生需要注重知识面的拓展和综合素质的培养，同时学会选择专业主攻方向，处理好必修课与选修课的关系，并注重课程设计、实验、论文等方面的学习，为未来的发展打下坚实的基础。

在专业主攻方向的选择上，学生需要结合自己的兴趣和才能，以及专业发展趋势，选择适合自己的专业方向，并在此方向上深入学习，形成自己的专业特长。同时，学生还需要处理好必修课与选修课的关系，确保在完成必修课程的同时，有足够的时间和精力进行选修课程的学习和实践。

在课程设计、实验、论文等方面的学习上，学生需要认真听讲、积极参与课堂讨论、独立完成实验报告或论文撰写等任务，同时，学生还需要注重知识的探索和发现，通过参加学术交流、科研项目等活动，了解学科前沿动态。

（3）毕业时期

毕业时期是大学生涯的最后阶段，在这个阶段，学生需要完成自己的学业，学习专业技术课程，同时进行毕业设计或毕业论文的研究和创作。在毕

业设计中，学生需要结合实际应用，解决实际问题，提高自己的实际能力和创造力。同时，学生还需要对自己的学习和研究成果进行全面检查和总结，撰写出符合规范的学术论文或实践报告。

在毕业阶段，学生还需要注重自己的职业规划和发展。学生可以通过参加实习、社会实践、招聘会等活动，了解自己的职业兴趣和优势，同时积累工作经验和社交经验。此外，学生还需要注重自己的形象和职业素养的培养，提高自己的职业竞争力。

（二）大学学习的方法

大学学习的方法有很多，以下是一些常见的建议。

1. 扩大阅读量

多读书，包括但不限于读经典著作、科普读物、历史故事、民间故事等。可以在班级或者学校的图书馆借阅，或者购买自己喜欢的书籍。

2. 借助多媒体

在大学学习中，学生也可以通过观看公开课、在线讲座、科普视频等方式，扩展自己的知识面和视野。因此，借助多媒体是大学生学习的一种有效方法。

3. 知行结合

在大学学习中，知行结合意味着不仅要在理论上学习知识，还要将其应用于实践中。例如，学习编程语言不仅要掌握语法规则，还要通过编程实践来巩固所学知识。此外，大学生还可以通过参加社会实践、实习、志愿服务等方式，将所学的知识和技能应用到实际场景中，增加自己的实践经验和能力。

4. 养成良好的学习习惯

在大学学习中，需要学习的知识和技能越来越多，如果没有良好的学习习惯，就难以取得好的学习效果。例如，要养成定时定量学习、集中注意力、不拖延等好习惯。每天安排合理的学习时间表，不拖延及时完成作业和课程论文等。

5. 学会规划

在大学学习中，如果没有良好的规划能力，就难以取得好的学习效果。

例如，要学会制订学习计划和目标，合理安排时间和资源，不盲目追求数量而是注重质量。可以将学习计划分为短期和长期，例如制订每周的学习计划或学期初的学习计划，明确目标和计划，并坚持执行。此外，还可以学会规划自己的职业发展，制定合理的职业规划和目标，并采取有效的行动来实现目标。

6. 积极参加活动

大学生参加学校的各种活动，如诗歌朗诵、文艺汇演、运动会等，可以锻炼自己的能力，拓宽自己的视野，同时也有助于促进身心发展和社交能力的提升。例如，参加文艺汇演可以锻炼自己的表演能力和艺术素养，同时也可以欣赏到各种不同的文艺表演形式，拓宽自己的视野和审美能力。参加运动会可以锻炼自己的体育技能和身体素质，同时也可以结交新朋友，增加社交圈子。总之，参加学校的各种活动可以帮助大学生全面发展，提升个人综合素质和竞争力。

7. 学会合作

大学生与同学一起做项目、讨论问题等，可以互相学习和促进。在大学学习中，与同学一起完成项目可以锻炼团队合作能力和实际操作技能，同时也能够互相学习和借鉴，拓宽自己的思路和视野。例如，在完成一个小组项目时，同学之间可以分工合作，相互支持，共同解决问题，从而提高自己的实际操作能力和团队协作能力。此外，与同学讨论问题可以帮助大学生深入理解课程内容，发现自己的不足和差距，从而更好地提高自己的学习效率和能力。所以说，与同学一起做项目、讨论问题等是大学生学习的一种重要方法。

8. 寻求帮助

大学生在遇到学习上的问题时，可以向老师或者同学请教，也可以寻求专业的辅导或者培训。在学习过程中遇到问题是很正常的事情，关键是要及时寻求帮助并找到解决问题的方法。向老师或者同学请教可以获得一些基本的解决方法，而寻求专业的辅导或者培训则可以更深入地了解问题的本质和解决方法，从而更好地掌握知识和技能。例如，大学生可以通过参加学术讲座、专业辅导班、学术研讨会等活动，与专业人士进行交流和探讨，拓宽自己的思路和视野，提高自己的学习效率和能力。

9. 持续学习

大学的学习只是一个开始，持续学习和更新知识对于未来的发展非常重要。在大学中，学生可以获得一定的知识体系和技能，但随着时间的推移和社会的变化，知识和技能也会逐渐过时。因此，大学生需要养成持续学习和更新的习惯，不断提高自己的素质和能力。可以通过阅读、研究、实践、参加培训等方式，不断更新自己的知识和技能，掌握最新的技术和趋势。同时，要学会自我反思和总结，发现自己的不足和差距，从而更好地提高自己的学习效率和能力。持续学习和更新知识是大学生未来发展的重要保障。

第二节　高校学生常见的学习问题

一、学习动机不当

学习动机不当有两种情况：一种是学习动机不足；一种是学习动机过强。

（一）学习动机不足

1. 学习动机不足的表现

学习动机缺乏是指一个人在学习方面缺乏明确的目标和方向，缺乏足够的动力和兴趣，从而表现出对学习“没劲头”的行为。具体表现包括以下几种。

（1）学习目标不明确

对学习没有正确的态度和观念，没有明确的学习目标和方向，不知道自己要做什么，也不知道该怎么做。

（2）学习习惯不良

缺乏良好的学习习惯，不能充分利用学习时间，经常拖延学习，不按时完成作业，不遵守学习计划。

（3）学习动力不足

学习上没有压力和动力，缺乏竞争意识和自我激励，不积极主动地学习，容易被其他事情分散注意力。

（4）学习兴趣不高

对学习缺乏兴趣和热情，感到学习无聊乏味，没有学习的“劲头”，甚至可能出现对学习厌烦和抵触的情绪。

（5）学习效果不佳由于缺乏正确的学习态度、良好的学习习惯和充足的学习动力，导致学习成绩不佳，进一步影响学习兴趣和动力。

如果学生缺乏学习动机，他们就可能失去对学习的兴趣和动力，从而影响他们的学习成绩。因此，学生应该尝试找到正确的学习动机。

2. 学习动机不足的原因

学习动机不足有多种原因，其中一些常见的原因包括以下几种。

（1）缺乏正确的学习态度和观念

一些学生可能对学习没有正确的态度和观念，不知道学习的重要性，缺乏明确的学习目标和方向，从而缺乏学习动力和兴趣。

（2）学习兴趣不高

一些学生对所学科目没有兴趣，感到学习无聊乏味，从而缺乏学习动力和热情，导致学习效果不佳，进一步影响学习兴趣和动力。

（3）学习困难和挫折

一些学生可能在学习上遇到困难和挫折，例如学习方法不当、学科难度较大、考试成绩不佳等问题，从而产生畏难情绪和自卑心理，影响学习动力和兴趣。

（4）外部因素影响

一些学生可能受到外部因素的影响，例如家庭环境、社会文化、同伴关系等因素，从而影响学习动力和兴趣。

3. 学习动机不足的调适

学习动机不足可能会影响学生的学习效果和成绩，因此需要采取一些方法来调整。以下是一些常用的学习动机不足的调适方法。

（1）目标设置

学生可以与教师或辅导员讨论并设置明确的学习目标，这有助于学生明确学习方向，激发学习动力和兴趣。

（2）培养兴趣

学生可以尝试结合自己的兴趣和爱好，参加相关的学习活动或课程，这

有助于提高学习动机和兴趣。

（3）反馈与奖励

学生可以寻求教师或同学的反馈，以及为自己设定合理的奖励机制，以激励自己努力学习并取得良好的成绩。

（4）增强自我效能感

学生可以通过努力完成一些具有挑战性的学习任务，来增强自己的自信心和自我效能感，从而提高学习动机和兴趣。

（5）创造良好的学习环境

学生可以尝试与同学组成学习小组，互相帮助和支持，同时避免分心和干扰，以创造良好的学习环境。

总之，学习动机不足的调适需要学生采取积极的措施，调整自己的学习态度、习惯和环境，以提高学习兴趣和动力，从而取得更好的学习效果和成绩。

（二）学习动机过强

1. 学习动机过强的表现

学习动机过强的表现包括以下几种。

（1）过于注重评价学习

学习动机过强的学生往往过于注重评价学习，渴望得到老师、家长或同学的奖励和肯定，然而当他们没有得到预期的夸奖时，会感到沮丧和失落。

（2）自我期望过高

学习动机过强的学生对自己的期望值非常高，定了一个很高的目标，并尽自己最大的努力去实现这个目标，不容许自己有一点失误。

（3）容易感到挫败

学习动力太强的学生总是对自己的高期望感到挫败。当他们觉得自己得不到认可时，这些学生会有一种持续的抑郁、无能和无助感，因为他们没有处理自己困难的能力。

（4）完美主义倾向

学习动机过强的学生通常有完美主义倾向，追求完美，害怕失败，不能接受任何的瑕疵和失误。

（5）持续的紧张和焦虑

学习动机过强的学生通常会持续感到紧张和焦虑，因为他们害怕失败，担心自己无法达到预期的期望。

2. 学习动机过强的原因

学习动机过强的原因可能包括以下几个。

（1）高目标驱使

学习动机过强的学生通常会为自己设定过高的目标，渴望取得优异成绩和表现，以此来满足自己的自尊心和成就感。

（2）不恰当的自我认知

学习动机过强的学生往往对自己的能力和认知不够客观，过分相信自己的能力，忽略了失败的可能性，导致他们在学习中难以接受任何的瑕疵和失误。

（3）社会比较

许多学生都倾向于与他人进行比较，以确定自己的价值和地位。当他们看到别人取得了好成绩或者听到别人得到夸奖和表扬时，会感到威胁，并产生追求更好的动力。

（4）过于追求完美

这类学生总是希望做到完美无缺，不接受任何的失败和缺点。这种过于追求完美的想法会导致他们在学习上产生焦虑和紧张，进而影响学习效果。

（5）过度自我关注

学习动机过强的学生通常过度关注自己的表现和成就，而忽视其他方面的发展，如兴趣爱好、人际关系等。

（6）焦虑和压力

学习动机过强的学生通常会感到焦虑和压力，他们担心自己无法达到预期的期望，因此需要不断地努力和奋斗来缓解这种焦虑和压力。

3. 学习动机过强的调适

学习动机过强可能会导致大学生出现焦虑、压力过大、完美主义等问题。以下是一些调适的建议。

（1）调整学习目标

不要过于追求完美，将学习目标设定在合理范围内，并允许自己犯错和

进步。

（2）改变学习方式

采用更有效、适合自己的学习方式，例如采用分阶段学习、反思总结、寻求帮助等。

（3）学会放松

学会通过运动、呼吸练习、冥想等方式来放松身心，缓解紧张和焦虑。

（4）调整心态

保持一颗平常心，不要将学习看作是生活的全部，多参与课外活动、社交交往等，保持身心健康。

二、学习疲劳

学习疲劳是指在学习过程中，由于心理或生理方面的原因，导致学习效率降低，出现身心疲乏、注意力不集中、记忆力下降等症状。

（一）学习疲劳的表现

学习疲劳的主要表现包括以下几种。

1. 生理疲劳

表现为身体局部和全身的疲劳，如感到身体僵硬、腰酸腿疼、目眩头痛等。

2. 心理疲劳

表现为心情差、思维迟缓、意志力下降、注意力难以集中等。

3. 效率下降

学习或工作的时间延长，付出努力增多，但效率反而下降，成果不尽如人意。

4. 动机下降

对学习或工作的热情减少，兴趣降低，甚至产生厌倦情绪。

5. 情绪波动

容易出现情绪波动，如感到焦虑、沮丧、烦躁等。

6. 健康状况恶化

学习疲劳可能导致身体免疫力下降，健康状况恶化，容易生病。

（二）学习疲劳的原因

学习疲劳的原因可能是多方面的，主要包括以下几个方面。

1. 学习方法不当

学习方式不适合个人学习习惯，或者学习任务过重，导致心理压力增大，出现疲劳症状。

2. 缺乏兴趣和动机

学习者对学习内容缺乏兴趣和动机，导致注意力不集中，记忆力下降，出现疲劳症状。

3. 身体状况不良

学习者身体状况不良，如睡眠不足、营养不良、缺乏运动等，也会导致学习疲劳。

4. 心理压力过大

学习者面临的心理压力过大，如情绪波动、人际关系紧张等，会导致学习效率降低，出现疲劳症状。

5. 环境因素

学习者所处的环境不利于学习，如噪声、光线、温度等，也会导致学习疲劳。

建议学习者回顾自己的学习过程，分析可能导致疲劳的原因，并采取相应的调整措施。同时，还应该保持良好的生活习惯和健康状况，保证身体和心理的健康。

（三）学习疲劳的调适

学习疲劳的调适可以从以下几个方面进行。

1. 适当休息

适当休息可以恢复身体和心理的活力，缓解疲劳。可以通过做眼保健操、听音乐、喝茶等方式进行休息。

2. 改变学习环境

选择舒适、安静、明亮的学习环境，可以有效减轻学习疲劳。

3. 调整学习姿势

保持正确的坐姿和站姿，可以减轻身体疲劳。

4. 适当运动

适当的运动可以增强身体素质，提高抗疲劳能力。可以选择散步、慢跑、瑜伽等方式进行运动。

5. 心理调适

通过放松心情、减轻心理压力、保持乐观心态等方式进行心理调适，可以减轻学习疲劳。

三、厌学心理

厌学是指学生对学习活动产生消极、冷漠，甚至逃避的反应，从而影响学习效果的行为。

（一）厌学心理的表现

厌学心理通常表现为以下几种。

1. 对学习缺乏兴趣

学生对于学习缺乏兴趣，觉得学习无聊、沉闷，或者觉得学习没有任何意义。

2. 对学习产生抵触情绪

学生因为各种原因而对学习产生抵触情绪，不愿意去上学或者觉得学习很痛苦。

3. 缺乏主动性

学生在学习上缺乏主动性，不愿意自己主动去学习或者进行相关的练习，需要被不断监督和催促。

4. 注意力不集中

学生在课堂上难以集中精力，容易分心、走神，甚至出现逃课、旷课等行为。

5. 缺乏成就感

学生在学习过程中难以获得成就感，不愿意为了提高成绩而付出努力。

6. 出现消极情绪

学生在学习过程中容易出现消极情绪，如焦虑、沮丧、愤怒等。

7. 行为表现散漫

学生可能因为对学习缺乏兴趣而表现出散漫的行为，例如经常迟到、旷课、不完成作业等。

如果出现以上表现，建议学生可以与家长、老师或者心理咨询师进行交流，找到导致厌学心理的原因，并探索解决方法。同时，学生可以尝试通过自我调整、寻找自己的学习兴趣点等方式提高学习效果，从而缓解厌学情绪。

（二）出现厌学的原因

出现厌学的情况有很多种原因，其中常见的包括以下几种。

1. 学习压力过大

学生可能会因为学习压力过大而感到焦虑和疲惫，从而产生厌学情绪。

2. 学习兴趣不足

如果学生对于所学的科目缺乏兴趣，就容易出现厌学情绪。

3. 人际关系问题

与老师、同学之间的人际关系不和谐或者受到不良待遇，可能会影响学生的学习体验，导致厌学情绪的产生。

4. 个人因素

学生的个人因素也可能导致厌学情绪，例如缺乏自信、自我期望过高、缺乏自我调节能力等。

5. 生理疾病

某些生理疾病或者身体不适也可能导致学生产生厌学情绪。

（三）厌学心理的调适

厌学心理的调适需要从以下几个方面入手。

1. 培养正确的学习动机

学生应该明确学习的目的和意义，了解学习的必要性和重要性，从而激发学习热情和动力。

2. 调整学习心态

学生应该积极调整学习心态，避免过分焦虑和紧张，保持一颗平静、自信的心态，从而更好地应对学习中的挑战。

3. 增强学习兴趣

学生可以通过寻找自己的学习兴趣点、拓宽知识面等方式增强对学习的兴趣和热情，从而避免厌学情绪的产生。

4. 科学安排学习时间

学生应该合理安排学习时间，避免长时间持续学习，适当安排休息和娱乐时间，从而保持身心健康和良好的学习状态。

5. 加强人际关系沟通

学生应该努力与老师、同学之间建立良好的关系，避免人际关系问题对学习产生负面影响。

6. 接受心理咨询

如果厌学心理较为严重，建议学生可以寻求专业的心理咨询师的帮助，通过心理咨询找到有效的解决方法。

四、学习焦虑

学习焦虑是指学生在学习过程中产生的焦虑症状，学习焦虑通常是一种心理障碍，可能对学生的身心健康和学习效果产生负面影响。

（一）学习焦虑的表现

学习焦虑是一种常见的心理问题，通常表现为以下几种情况。

1. 对学习任务的过度紧张和焦虑

学生会对学习任务产生过度的紧张和焦虑，担心自己不能按时完成任务或者担心任务太难而产生挫败感。

2. 注意力难以集中

在学习时，学生容易因为焦虑而分散注意力，难以集中精力完成学习任务，从而影响学习效果。

3. 记忆力下降

焦虑情绪可能干扰大脑的记忆过程，导致学生记忆力下降，从而难以掌握知识和技能。

4. 对考试成绩的过度担忧

学生可能对考试成绩产生过度的担忧和焦虑，担心自己的成绩不够好或者担心失败而感到紧张和恐惧。

5. 容易被负面情绪的困扰

在学习过程中，学生可能因为焦虑而陷入负面情绪的困扰，如沮丧、焦虑、压力和恐惧等。

6. 出现一系列身体症状

学习焦虑还可能引起一系列的身体症状，如失眠、头痛、胃痛、心慌、手汗等。

（二）学习焦虑的原因

学习焦虑的原因是多方面的，主要包括以下几个方面。

1. 生理因素

学习焦虑可能受到遗传因素的影响，例如家族中有焦虑症患者或者个体存在生物学上的易感性。此外，身体状况也可能影响学习焦虑，如慢性疾病、药物副作用、睡眠不足等。

2. 心理因素

学习焦虑的心理因素包括自尊心不足、缺乏自信、对未来的不确定感等。此外，对学习任务的过度期望、对成绩的过度担忧、对考试失败的过度恐惧等也容易导致学习焦虑。

3. 环境因素

学习焦虑的环境因素包括学习压力、人际关系问题、家庭背景等。例如，家庭环境的不稳定、亲子关系的冲突、同伴之间的竞争和排斥等都可能引发学习焦虑。

4. 心理疾病

某些心理疾病也可能导致学习焦虑，如焦虑症、抑郁症、广场恐惧症等。

（三）学习焦虑的调适

学习焦虑是一种常见的心理问题，可以通过多种方法进行调适。

1. 制订合理的计划和目标

学生可以制订合理的计划和目标，避免学习任务过于繁重而导致的焦虑。

2. 睡眠充足

睡眠不足容易导致焦虑和压力，学生应该保证充足的睡眠时间，保持身体健康。

3. 放松训练

学生可以采用放松训练的方法，如渐进性肌肉放松、深呼吸等，缓解身体和心理的紧张感。

4. 运动锻炼

适当的运动锻炼可以释放身体和心理的压力，有助于缓解学习焦虑。

5. 寻求心理咨询

如果学习焦虑严重，学生可以寻求专业的心理咨询师的帮助，进行心理疏导和认知行为疗法等心理治疗方式。

6. 使用药物

在医生的建议下，有些学生可以适当使用药物来缓解焦虑和压力。

总之，调适学习焦虑需要学生积极采取措施，尽可能减轻焦虑的程度，提高学习效率和心理素质。

第三节　高校学生学习管理的策略研究

一、培养自信心

培养自信心是高校学生学习管理的重要策略之一。以下是一些建议，帮助大学生提高自信心并更好地管理自己的学习。

（一）认识自己的优点和不足

大学生应该了解自己的优点和不足，了解自己的学习风格和习惯，这样才能更好地发挥自己的潜力。

（二）寻求支持和帮助

大学生应该寻求他人的帮助和支持，例如与老师或同学讨论问题、参加辅导或课外活动等，这样能够更好地理解和解决问题。

（三）掌握有效的学习技巧

大学生应该掌握有效的学习技巧，例如制订学习计划、注重笔记和复习等，这样能够更好地提高学习效率和质量。

（四）接受挑战和困难

大学生应该认识到在学业中会遇到挑战和困难，并学会接受这些挑战并积极应对，不要轻易放弃。

（五）参与课外活动

大学生应该积极参加课外活动，通过参与各种活动、社交活动等途径，拓宽自己的视野和社交圈子，提高自己的社交能力和团队合作精神。

二、确立明确的奋斗目标

确立明确的奋斗目标是高校学生学习管理的重要策略之一。以下是一些建议，帮助大学生确立明确的奋斗目标并制订有效的学习计划。

（一）自我评估

大学生应该进行自我评估，了解自己的兴趣、优势和劣势，从而明确自己的学习目标和方向。

（二）明确目标

大学生应该明确自己的学习目标，包括长期目标和短期目标。长期目标可以是取得优异成绩、获得奖学金、考研等，短期目标可以是完成某项作业、复习考试等。

（三）制订计划

大学生应该制订有效的学习计划，包括时间分配、任务安排、优先级等，以确保他们在学习中高效地完成任务。

（四）分解目标

大学生应该将长期目标分解为短期目标，并制订具体的计划和步骤，以确保他们在学习中有明确的方向和行动计划。

（五）反馈与调整

大学生应该定期对自己的学习情况进行反馈和调整，以确保自己的学习目标和方法是有效的。

（六）持之以恒

大学生应该坚持自己的学习目标和方法，不轻易放弃，并不断努力和提高自己的学习能力和水平。

（七）寻求支持

大学生应该寻求支持，包括从老师、同学、家长等资源中寻求帮助和建议，以确保他们在学习中得到必要的支持和指导。

三、培养自己的兴趣

培养自己的兴趣是高校学生学习管理的策略之一。以下是一些建议，帮助大学生培养自己的兴趣并提高学习效率。

（一）探索自己的兴趣

大学生应该尝试不同的活动和领域，以了解自己的兴趣和爱好。可以通过参加社团、参加志愿者活动、参加实习等方式来探索自己的兴趣。

（二）保持好奇心

大学生应该保持好奇心，不断学习和探索新的知识和领域。可以通过阅读书籍、观看纪录片、参加学术讲座等方式来拓展自己的知识面。

（三）建立兴趣小组

大学生可以组织兴趣小组，与其他人分享自己的兴趣和爱好，并通过协作和交流来深入了解自己的兴趣。

（四）利用学校资源

大学生应该利用学校的资源，如图书馆、实验室、博物馆等，来深入了解自己的兴趣。

（五）创造机会

大学生可以参加各种比赛、实习、实践等活动，来发挥自己的兴趣和才能，并提高自己的学习效率和成绩。

（六）平衡兴趣和学习

大学生应该平衡自己的兴趣和学习，确保在学业上取得良好的成绩。可以将兴趣作为一种奖励和放松的方式，来提高自己的学习效率和积极性。

（七）坚持做自己喜欢的事情

大学生应该坚持做自己喜欢的事情，并不断努力和提高自己的技能和能力，以确保自己的兴趣成为一种有价值的技能和能力。

四、科学运筹时间

科学运筹时间是高校学生学习管理的重要策略之一。以下是一些建议，帮助大学生科学运筹时间，提高学习效率。

（一）制定时间表

大学生应该制定时间表，包括每天的学习计划、任务安排、时间分配等，以确保他们在学习中充分利用时间。

（二）合理安排时间

大学生应该合理安排时间，根据任务的紧急程度和重要性，安排适当的时间来完成任务。

（三）分配优先级

大学生应该分配任务的优先级，先完成重要的和紧急的任务，然后再处理次要的任务。

（四）避免拖延

大学生应该避免拖延，任务应该按时完成，不应该被推迟或浪费时间。

（五）学会说“不”

大学生应该学会拒绝一些不必要的事情，以避免浪费时间。

（六）利用碎片时间

大学生可以利用碎片时间，例如在路上或餐桌上，通过听讲座、阅读书籍等方式来学习和提高自己。

五、培养应试能力

在高校中，考试是一种常见的评估学生学习效果的方式。因此，培养应试能力是高校学生学习管理的重要策略之一。以下是一些建议，帮助大学生提高应试能力。

（一）制订复习计划

大学生应该制订复习计划，确保在考试前全面复习所有相关学科的知识。

（二）注重课堂笔记

在课堂上认真做笔记，记录老师的讲解和重要知识点，有助于在复习时更有针对性和效率。

（三）合理安排时间

大学生应该合理安排时间，平衡学习和其他生活需求，确保有充足的时间来复习准备考试。

（四）重点复习

大学生应该重点复习考试相关的知识点，避免浪费时间在不重要的内容上。

（五）做题练习

大学生可以通过做题来提高应试能力，熟悉考试题型和难度，并找到自己的弱点。

（六）参加辅导

大学生可以参加辅导课程，通过老师的讲解和指导来学习和掌握知识点。

（七）模拟考试

大学生可以模拟考试环境，进行模拟考试，从而更好地了解自己的薄弱环节，及时调整复习计划。

（八）注重记忆技巧

大学生可以使用记忆技巧，如关键词联想等，帮助自己更好地记忆知识点。

（九）寻求帮助

大学生可以寻求老师或同学的帮助，解决学习和复习中的难题。

（十）避免考前紧张

大学生应该避免考前过度紧张，可以通过放松练习、保持良好的睡眠和饮食习惯等方式来缓解紧张情绪。

第四章
高质量推进高校学生适应管理的策略研究

许多大学生是第一次离开父母独自去上学，在这个过程中，一些学生可能会遇到各种适应问题，为了确保学生能够健康成长并顺利完成学业，应及时对大学生出现的适应问题进行适当的指导。

第一节　适应管理的内涵

一、适应的含义

适应是指一个人面对环境和变化的能力和素质，以及在新的环境和情境中运用自身的技能、知识、经验等资源来适应、习惯和改进的能力。适应是一个连续的过程，它包括对新的环境和情境的认知、对自身的反思、对资源和行为的调整、对挑战和压力的应对以及对其自身适应能力的提高等。

适应是一个人不断学习和成长的过程，它需要人们具备自我认知、反思、计划、执行和调整的能力。适应不仅是一个人的生存之本，也是一个人实现自我价值和发展所必须具备的素质。适应能力强的人往往能够在新的环境中更快地适应、更好地发挥自己的能力和潜力，更容易获得成功和幸福。

二、适应的类型

根据不同的标准，适应可以分为不同的类型。

（一）根据适应的对象进行分类

根据适应的对象，适应可以分为对自然环境的适应和对社会环境的适应。

1. 对自然环境的适应

对自然环境的适应包括对气候、地理条件、生态环境等方面的适应，例如生物的进化、植物的生长。对自然环境的适应是生物生存和繁衍所必须具备的技能。

2. 对社会环境的适应

对社会环境的适应则包括对人际关系、文化、政治和经济等方面的适应，例如人的社交能力、工作能力和学习能力等。

（二）根据适应的内容进行分类

根据适应的内容，适应可以分为生理适应和心理适应。

1. 生理适应

生理适应包括对环境中的物理、化学和生物等因素的适应，例如呼吸、体温、血压等。

2. 心理适应

心理适应则包括对环境中的社会、文化和心理等因素的适应，例如情感的控制和表达、认知方式等。

（三）根据适应的程度进行分类

根据适应的程度，适应可以分为浅层适应和深层适应。

1. 浅层适应

浅层适应是指个体对环境表层的感知和反应，例如对环境中的刺激和行为的简单反应。

2. 深层适应

深层适应则是指个体对环境的认知和理解，例如对环境中的规则、意义和价值观的理解和运用。

（四）根据适应的方式进行分类

根据适应的方式，适应可以分为行为适应、生理适应和认知适应。

1. 行为适应

行为适应是指个体通过改变自己的行为来适应环境，例如对环境中的刺

激、其他个体的行为，以及环境变化的反应。

2. 生理适应

生理适应是指个体通过改变自身的生理机能来适应环境，例如呼吸、体温、血压等。

3. 认知适应

认知适应则是指个体通过改变自己的认知方式来适应环境，例如思维方式、注意力分配、记忆等。

（五）根据适应的目的进行分类

根据适应的目的，适应可以分为积极适应和消极适应。

1. 积极适应

积极适应是指个体积极主动地调整自己，以适应环境的变化和发展，例如主动改变自己的行为、认知和情感状态等。

2. 消极适应

消极适应是指个体在环境逼迫下被动地应对变化，例如通过简单的反应和行为来应对环境中的压力和挑战等。

积极适应能够促进个体的成长和发展，而消极适应则可能导致个体的心理和生理健康问题。

三、适应的心理过程

适应的心理过程包括多个方面，需要、动机、压力和反应是其中的重要组成部分。以下是对这些过程的进一步解释。

（一）需要

个体在适应过程中会受到各种需要的影响，需要可以激发个体的行为和情感体验，促进个体的适应过程。

（二）动机

个体在适应过程中会受到各种动机的影响，例如对安全的需要、对自我提升的追求等。动机可以激发个体的行为和情感体验，促进个体的适应过程。

（三）压力

个体在适应过程中可能会受到各种压力的影响，例如环境压力、人际压力、心理压力等。压力会对个体的身体和心理健康产生影响，需要采取相应的应对策略来减轻压力的影响。

（四）反应

个体在适应过程中可能会经历各种反应，例如焦虑、恐惧、紧张、沮丧、兴奋等。这些反应会影响个体的适应方式和程度，需要采取相应的应对策略来减轻反应的影响。

这些过程相互作用，共同影响着个体的适应过程。了解这些过程的特点和规律可以帮助个体更好地适应环境变化，促进个体的成长和发展。

四、高校学生适应的内容

（一）生活环境的变化

高校学生会面临许多新的变化，这些新的变化可能会带来一些挑战，但也可以让学生们更好地适应独立生活，培养自己的自主能力和决策能力。在面对这些挑战时，学生们需要学会自己思考和解决问题的方法，并逐渐学会为自己做主。

此外，学生们还需要学会规划自己的作息时间，以充分利用时间进行学习和生活。在消费方面，学生们需要根据自己的经济状况合理计划开支，并避免浪费。对于生活中出现的一些小问题，学生们也应该学会自己判断和处理，而不是一味地依赖他人。

虽然这些新的变化可能会带来一些挑战，但也是学生们成长的机会。通过克服这些困难，学生们可以更好地适应独立生活，并为未来的发展打下坚实的基础。

（二）学习方面的变化

高校学生学习方面的变化主要包括以下几点：

1. 学习目标的转变

高校学生的学习目标不再是单纯的应试教育，而是更注重培养专业技能和综合素质，以适应未来的职业发展和社会需求。

2. 学习方式的转变

高校学生需要更加注重自主学习和独立思考能力的培养，不仅是听课和做作业，还需要积极参与课题研究、实验、实习等活动。

3. 学习环境的转变

高校为学生提供了更加广阔的学习环境，包括各种实践平台、科研项目、实习机会等，让学生更加深入地了解专业知识和行业动态。

4. 学习压力的转变

高校学生的学习压力主要来自于课程学习、科研活动、实习、社交活动等，需要更加努力和高效地管理时间和精力。

（三）发展目标的变化

在中学时期，学生们的发展目标通常比较单一，即努力学习并考入自己理想中的大学。这是因为学生们在中学时期的主要任务就是学习，而大学则是他们进入社会的第一步。因此，学生们在中学时期往往会设定一个明确的目标，比如考入某所知名大学，并为此不断努力。

然而，当学生们进入大学之后，他们的发展目标往往会变得不太明确，这也是因为大学环境和中学时期的环境差别较大。在大学里，学生们需要更多地自主学习和独立思考，而且他们需要更多地关注自己的兴趣和特长，以找到自己的发展目标。这个过程可能需要一些时间，但是一旦学生们找到了自己的发展目标，他们就能够为之努力奋斗并实现自己的梦想。

（四）自身角色的变化

1. 高校学生需要从家庭角色转变为社会角色

在中学时期，学生们的主要任务是学习，而家长们往往会全方位地照顾孩子们的生活，例如帮他们洗衣服、做饭、打扫卫生等。然而，进入大学之后，学生们需要自己处理各种生活事务，同时还需要与不同背景的人交流和沟通，以适应校园生活和学术研究。这种转变需要学生们逐渐摆脱对家庭的依赖，学会独立自主地解决问题，发挥自己的社交能力和领导力，以更好地适应大学校园和社会环境。

2. 高校学生需要从中心角色转变为普通角色

在中学时期，学生们往往是家庭和社会的中心，家长和社会对他们的期望值也很高。然而，进入大学之后，学生们会发现自己是群体中的普通一员，需要更加谦虚谨慎地处理人际关系和学术研究。这种转变需要学生们更加清醒地认识自己的优点和不足，具备应对各种挑战的能力，以更好地实现自己的发展和成长。

（五）人际关系的变化

首先，人际交往的对象发生了变化。在中学时期，学生们的人际交往对象往往局限于同学和老师，人际关系的重心较为简单。然而，进入大学之后，学生们需要与不同背景的人交流和沟通，建立不同类型的人际关系，例如与教授、同学、校园里的工作人员等。这种转变需要学生们更加注重跨文化交流和沟通能力，以更好地适应多元化的校园生活。

其次，人际交往的要求发生了变化。在中学时期，学生们的人际关系往往是建立在同学之间的竞争和攀比基础上的，人际关系相对简单。然而，进入大学之后，学生们需要与他人合作和协作，发挥自己的社交能力和领导力，以实现共同的目标。这种转变需要学生们更加注重合作和团队精神，同时也需要更加谨慎地处理人际关系，避免产生不必要的矛盾和冲突。

总之，高校学生的人际关系变化涉及人际交往对象和要求等多方面的变化。需要学生们更加注重跨文化交流和沟通的能力，建立多元化的人际关系；同时也需要注重合作和团队精神，谨慎处理人际关系，实现自我发展和成长。

（六）管理环境的变化

相较于中学时期，大学阶段的学生管理环境确实更加注重学生的自我管理和自我教育等方面。这是因为，大学阶段的学习和生活更为复杂和多样化，需要学生具备更高的自主学习和自我管理能力，以适应校园生活和未来的职业发展。总体来说，大学的管理氛围是外松内紧的。大学的管理氛围在外松内紧的情况下，可以更好地促进学生的自我发展和成长。

首先，外部环境较为宽松，学生可以自由地选择自己的课程计划、研究方向和社团活动等。这种自主选择和探索的过程，有助于激发学生的兴趣和热情，培养其创新和创造力。

其次，内部要求较为严格，学生需要承担更多的责任和义务，如学业压力、就业压力等。这种责任要求可以促使学生更加自律和独立，发挥自己的潜力，更好地实现自己的发展和成长。

此外，外松内紧的管理氛围也有助于培养学生的自我管理和自我教育能力。外部环境的宽松可以让学生自主发挥，同时内在要求的严格可以让学生自我约束和自我激励，从而更好地实现自我发展和成长。

第二节　高校学生常见的适应问题

概括来说，高校学生常见的适应心理问题主要包括以下几个方面。

一、生活方面的不适应

高校学生在生活方面的不适应主要表现为以下几点。

（一）在自然环境方面不适应

自然环境适应主要是指新生对就学地的气候、空气湿度等自然环境的适应，以及因气候和空气湿度的差异而出现身体不适和疾病的情况。由于我国地域广阔，因此，在自然环境适应方面，新生需要面临较大的挑战。在北方，由于气候干燥，新生应注意多饮水、多吃水果蔬菜，避免因缺水而出现口干舌燥、皮肤瘙痒等问题。在南方，由于空气湿度高，新生应注意防潮、减少室内潮湿，避免因室内潮湿而出现风湿关节疼痛等问题。

（二）在生活环境方面不适应

在生活环境方面不适应，新生可能会出现以下问题。

1. 失眠

新生可能会因生活习惯、噪声、光线等外部因素影响睡眠质量，导致失眠。建议新生逐渐调整作息习惯，保证规律的睡眠时间和充足的睡眠质量。

2. 食欲不振

新生可能会因饮食习惯、生活压力等内部因素影响食欲，导致营养不良。建议新生合理安排饮食结构，多吃水果蔬菜，避免食用不干净或变质的食物。

3. 抑郁

新生可能会因生活环境不适、心理压力等内部因素导致情绪低落，甚至出现抑郁症状。建议新生积极参加学校组织的适应教育和健康管理活动，提高适应能力和健康水平。

4. 焦虑

新生可能会因生活环境不适、学习压力等内部因素导致情绪不稳定，甚至出现焦虑症状。建议新生注意心理调节，及时寻求学长学姐或老师的帮助，减轻心理压力。

5. 皮肤过敏

新生可能会因气候干燥、空气污染等外部因素导致皮肤过敏，出现皮肤瘙痒等问题。建议新生注意保湿，多吃水果蔬菜，避免过度清洁皮肤。

6. 身体不适

新生可能会因气候差异、饮食不当等内部和外部因素导致身体不适，出现感冒、胃痛等问题。建议新生注意饮食卫生、生活习惯和心理调节，及时就医寻求帮助。

（三）在生活技能方面不适应

新生上大学前，基本上过着“饭来张口、衣来伸手”的生活，由此造成新生的生活技能普遍欠缺。为了更好地适应大学生活，新生需要掌握一些基本的生活技能和自理能力，如自己动手打扫卫生、洗衣服、购物、管理时间和财务管理等。

此外，新生还需要学会自我管理和独立思考。在大学生活中，学生需要自己解决问题、管理时间和参与各种活动，因此独立生活和思考的能力至关重要。

总之，新生在进入大学前应该尽可能掌握一些基本的生活技能和自理能力，这将有助于他们更好地适应大学生活并提高自己的独立能力。

二、学习方面的不适应

（一）学习动机缺乏

学习动机缺乏可能是由于学生没有找到一个真正激励他们的因素，或者他们没有学会如何保持学习的动力。为了克服学习动机缺乏，学生可以尝试制订一个学习计划，并设定一些明确的目标，寻求他人的支持，利用不同的学习资源，以及尝试新的学习方法。

（二）考试焦虑

大学生考试焦虑是一种常见的情绪体验，在面临重要考试时，可能会出现坐立不安、思维难集中、肌肉紧张、头痛、心慌、失眠、多梦、情绪不稳等症状。

（三）学习方法不当

大学生学习方法不当的主要表现包括以下几点。

1. 学习无计划

没有制订合理的学习计划，导致学习效率低下，浪费时间和精力。

2. 不求甚解，死记硬背

不理解知识点的意义，不讲究记忆的方法和技巧，只是机械地重复，无法保证有效和长期的记忆效果。

3. 不能形成知识结构

无法将知识点构建成有机的体系，导致学习效果不佳。

4. 不会听课

没有提前预习课程内容，导致上课时无法跟上老师的节奏，也无法及时解决自己的疑问。

5. 不会阅读

阅读速度慢，无法快速有效地获取信息，也无法理解阅读内容。

6. 抓不住重点和难点

无法准确把握课程或学习中最重要的知识点，眉毛胡子一把抓。

7. 理论和实践脱离

无法将所学的理论知识应用到实践中，也无法在实践中学习并解决问题。

三、社交方面的不适应

（一）社交方面不适应的原因

社交适应不良是当前大学生经常出现的问题，以下是一些可能导致大学生社交适应不良的原因。

1. 自我为中心

有些大学生在中学时由于受到家庭的宠爱，形成以自我为中心的思想，不考虑别人的感受，不善于合作和沟通。

2. 人际关系紧张

大学生来自不同的地区，有着不同的文化背景、性格和习惯，因此在宿舍或班级中可能发生人际关系紧张的情况。

3. 不会表达自己

有些大学生不善于表达自己的想法和情感，导致别人无法了解和理解自己，也容易造成误解和矛盾。

4. 不懂得倾听

倾听是人际关系中非常重要的一环，如果大学生不懂得倾听他人的意见和感受，就难以建立良好的人际关系。

5. 缺乏社交技巧

有些大学生可能来自相对封闭的家庭和教育环境，缺乏社交技巧和社交能力，无法适应大学的社交环境。

6. 兴趣爱好不同

大学生有着不同的兴趣爱好和休闲方式，如果和一些同学的兴趣爱好不同，就可能导致沟通不畅或被孤立。

（二）社交方面不适应的表现

大学生社交适应不良的表现可能包括以下几种。

1. 缺乏社交活动

不积极参加社交活动，避免与他人接触和交流，导致社交圈子较小，无法融入大学生活。

2. 常有孤独感

尽管身处人群中，但仍然感到孤独和寂寞，缺乏真正的情感联系和支撑。

3. 难以建立友谊

难以与同学建立深入的友谊，无法建立良好的信任和互动关系，导致社交圈子较小。

4. 人际冲突

容易与同学发生冲突和误解，缺乏妥善处理人际关系的能力，导致人际关系紧张。

5. 沉迷网络世界

过度沉迷于网络世界，如游戏、社交媒体等，导致与现实世界的交流和互动减少，社交能力下降。

6. 具有疏离感

感觉与周围的环境和人群疏离，无法融入大学的文化和社交环境，缺乏归属感。

四、心理方面的不适应

（一）理想与现实的差异导致困惑失望

很多大学生在入学之前，可能会想象自己成为学业有成、多才多艺、善于交际、乐观向上的年轻人。然而，当他们真正进入大学后，可能会发现现实与理想存在差距，从而感到困惑、失望，甚至陷入情绪低落。

（二）角色地位的改变导致认知失调

大学生在进入大学之后，整个社会依然把他们视为优秀人才或胜利者，但他们在学习和工作中可能会遇到挫折和困难，这可能会导致他们产生自卑情绪。这种情绪不仅影响大学生的学习和工作效率，还可能导致他们在集体活动中消极退避。由于对自己的能力和表现缺乏信心，他们可能会选择逃避集体活动，避免与他人交往和接触。这种行为不仅会影响到大学生的社交能力和人际交往，还会对他们的心理健康造成负面影响。

（三）情感与归属的失落

在上大学前，每个学生都有一个相对稳定而又比较熟悉的情感与归属网络，即父母、老师、同学、朋友。这个网络为学生提供了情感支持和归属感，让他们在这个网络中得到认可和支持。同时，这个网络也为他们提供了人生的指导和帮助，让他们在成长过程中少走弯路。

进入大学后，学生可能会面临一些新的挑战，例如适应大学生活的压力、处理新的人际关系、面对不确定的未来等，这些可能会使学生感到焦虑、孤独或失落。大学生活中可能会发生各种事情，例如考试失败、与朋友争吵、面对家庭问题等，这些事件可能会影响学生的情感和归属感。因此，大学生需要逐渐学会如何处理这些情感和关系网络，建立新的社交圈子，积极参与校园活动，了解并尊重不同的文化和背景，从而更好地适应大学生活并建立稳定的情感与归属网络。

（四）自豪感与自卑感的矛盾

大学生自豪感与自卑感的矛盾往往源于大学生自我认知的不稳定，对自己定位不明确，对自己能力和未来的不确定性感到担忧，同时也受到周围环境的影响。

一方面，大学生自豪感源于自己的成就和努力，源自于自己的优秀成绩、能力和潜力。他们渴望得到别人的认可和尊重，希望自己能够成为有用的人，为社会做出贡献。另一方面，大学生自卑感则源于自己的不自信，对自己能力和未来的不确定性感到担忧，害怕自己的不足被别人发现和批评。他们常常比较自己和他人，觉得自己在某些方面不如别人，对自己的外貌、家庭、能力等方面感到自卑。

同时，大学生自豪感与自卑感的矛盾也受到周围环境的影响。大学生生活在一个充满竞争和压力的环境中，他们的自我认知和情感状态往往受到同学、家人、老师和社会的评价和认可的影响。在竞争激烈的环境中，大学生的自豪感和自卑感容易产生波动，甚至产生矛盾。例如，在学业上获得好成

绩可能会让他们感到自豪，但同时也可能会让他们感到自卑，因为他们可能会觉得自己并不聪明或不如别人。

五、时间管理方面的不适应

大学生在时间管理方面可能会存在不适应的问题，这可能与他们从小到大的教育经历、生活方式和个人习惯等因素有关。以下是可能导致大学生时间管理不适应的一些原因。

（一）学习方式的改变

与高中相比，大学的学习方式更加自主和开放，需要学生具备更多的自律和主动性。大学生需要学会自我规划、安排时间和解决问题等能力，这可能需要一个适应过程。

（二）生活方式的改变

在大学里，学生需要独立生活、管理和安排自己的时间，这可能会对一些习惯了依赖家长和老师的学生造成困难。同时，大学里的社交活动和娱乐方式也更加丰富多样，如何平衡学习和娱乐、社交等活动也是大学生需要掌握的技能。

（三）缺乏时间管理技巧

许多大学生可能缺乏有效的时间管理技巧，不知道如何制订计划、分配时间、设置目标和评估进度等。缺乏有效的时间管理技巧可能导致学习拖延、时间浪费和焦虑等问题。

（四）电子产品的过度使用

在大学里，学生拥有更多的自由时间和更多的电子产品使用权，例如电脑、手机等，这可能会导致学生在学习时分心和拖延。过度使用电子产品可能影响学生的专注力和学习效果。

（五）缺乏支持和辅导

大学生可能缺乏有效的支持和辅导，帮助他们适应自主、开放的学习方式，以及学会有效的时间管理技巧。缺乏支持和辅导可能导致大学生在时间管理方面出现不适应和困难。

第三节　高校学生适应管理的策略研究

一、正确认识自我

高校学生需要面对许多新的挑战和压力，如学术要求、社交压力、职业发展等，因此，了解自己的优势和弱点，并学会如何有效地应对这些挑战，是实现适应管理的关键。以下是一些有助于高校学生正确认识自我的策略。

（一）接受自己

高校学生常常会感到压力，觉得自己需要符合他人的期望，但这种压力会阻碍他们认识自己。因此，学生需要学会接受自己，包括他们的优点和缺点，从而建立自我认同和自信心。

（二）了解自己的价值观和目标

高校学生需要思考自己的价值观和目标，并确定如何与这些因素相适应，以便更好地管理自己的生活和学习。

（三）培养自我认知能力

学生可以通过反思自己的行为和反应，以及与他人交往来了解自己的优点和弱点。这有助于他们更好地理解自己的行为和情感，从而更好地应对挑战和压力。

（四）建立自我管理能力

正确认识自我是高校学生适应管理的重要策略之一。通过接受自己、了解自己的价值观和目标、培养自我认知能力和建立自我管理能力，学生可以更好地适应大学生活，实现个人成长和发展。

二、学会主动学习和自学

学会主动学习和自学也是高校学生适应管理的重要策略之一。以下是一些有助于高校学生学会主动学习和自学的策略。

（一）制订学习计划

学生应该制订学习计划，包括学习目标、学习内容、学习时间和评估方式等。这有助于他们更好地掌握知识和技能，同时也有助于他们更好地适应管理。

（二）形成自我管理能力

学生应该学会管理自己的时间和情绪，以便更好地应对学习和生活的挑战。这包括设定明确的目标和计划，以及学会如何处理自己的情绪和遇到的挫折等。

（三）发展自学能力

学生应该学会自我学习和自我教育，以便更好地适应大学学习和未来的职业发展。这包括利用各种学习资源、尝试新的学习方式和不断反思自己的学习过程等。

三、积极认识主客观环境

积极认识主客观环境也是高校学生适应管理的重要策略之一。以下是一些有助于高校学生积极认识主客观环境的策略。

（一）认识主观环境

学生应该认识自己的主观环境，包括自己的价值观、兴趣、能力和发展目标等。通过认识这些因素，学生可以更好地了解自己的优势和弱点，从而更好地规划自己的学习和职业发展。

（二）了解客观环境

学生应该了解自己所在的客观环境，包括学校、学院、专业、课程、教师和同学等。通过了解这些信息，学生可以更好地适应大学学习和生活，同时也可以更好地利用学校的资源和机会。

（三）积极适应环境

学生应该积极适应环境和改变环境，包括适应学校和学院的规定和要求、改变自己的学习方式和行为习惯等。这有助于他们更好地融入大学生活，同时也可以更好地利用学校的资源和机会。

（四）建立支持系统

学生应该建立自己的支持系统，包括亲密的朋友和家人、专业的心理咨询师和教师等。这有助于他们更好地应对学习和生活的挑战，同时也可以更好地提高自己的学习效果和心理健康。

四、培养良好的生活方式

培养良好的生活方式是高校学生适应管理的重要策略之一。以下是一些有助于高校学生培养良好生活方式的策略。

（一）形成良好的卫生习惯

时代赋予了高校学生新的时代使命，对高校学生提出了更高的素质要求，当然也包括良好的卫生习惯的要求。良好的卫生习惯不仅有助于保护个人健康，也有助于防止疾病的传播和保障公共卫生安全。因此，高校学生应该注重养成良好的卫生习惯，包括经常洗手、保持个人卫生、避免接触传染病等。同时，高校也应该加强对学生卫生习惯的教育和引导，提高学生的卫生意识和行为水平。

（二）健康饮食

高校学生应该注重健康饮食，包括合理搭配食物、控制食量、减少垃圾食品和饮料的摄入等。合理的饮食习惯不仅可以维持身体健康，还有助于提高学习效率。

首先，高校学生应该合理搭配食物，注重膳食平衡。应该按照自己的需

求和身体状况选择食物，合理搭配蛋白质、碳水化合物、脂肪、维生素和矿物质等营养素，以保持身体健康。

其次，高校学生应该控制食量，避免过度进食。过度进食会导致身体肥胖，影响健康，同时还可能引发心理问题，如自卑、抑郁等。因此，高校学生应该注意控制食量，避免暴饮暴食。

此外，高校学生应该减少垃圾食品和饮料的摄入。垃圾食品和饮料富含糖分、油脂和盐分等添加剂，长期过量摄入会增加身体负担，影响健康。因此，高校学生应该尽量选择健康的食品和饮料，如新鲜水果、蔬菜、全谷类食物、低脂奶制品和清水等。

（三）适度运动

适度的运动量和运动强度可以提高身体素质和免疫力，同时也有助于缓解压力和焦虑。

首先，高校学生应该积极参与体育运动，保持良好的运动习惯。运动可以增强心肺功能、肌肉力量和骨骼密度，同时还有助于调节体内代谢和免疫系统。此外，运动还可以促进神经系统的发育，提高学习和工作效率。

其次，高校学生应该注意适度的运动量和运动强度。不同的个体有着不同的身体状况和健康水平，过度的运动会导致身体损伤和疲劳，反而影响学习和生活。因此，高校学生应该根据自己的实际情况，选择适合自己的运动量和运动强度，并逐步提高。

此外，高校学生还可以选择一些较为轻松的运动方式，如散步、慢跑、瑜伽等，以提高身体素质和免疫力。这些运动方式不仅可以锻炼身体，还可以缓解压力和焦虑，提高心理健康水平。

（四）规律作息

定时睡觉、定时起床、避免熬夜可以帮助高校学生保持充沛的精力和学习状态，提高学习效率和生活质量。

首先，高校学生应该规律作息，保持定时睡觉和定时起床的习惯。应该根据学校的课程安排和自己的实际情况，制订合理的作息计划，并尽量遵守。

其次，高校学生应该创造一个良好的睡眠环境，如保持安静、温度适宜、光线充足等。同时，应该避免使用手机、电脑等电子设备，以免蓝光干扰睡眠质量。

此外，高校学生还应该培养一些有益于身心健康的生活习惯，如定期锻炼、读书学习、保持良好的卫生习惯等。这些习惯不仅可以提高身体素质和免疫力，还可以培养健康的生活态度和价值观。

（五）培养健康的生活情趣

大学生应培养健康的生活情趣，这是大学期间非常重要的一项任务。健康的生活情趣不仅可以帮助大学生保持良好的身体和心理健康状态，还可以提高他们的文化素养和人际交往能力。

首先，大学生应该注重体育锻炼。适度的体育锻炼可以提高身体素质和免疫力，同时也有助于缓解压力和焦虑。大学生可以选择一些自己喜欢的运动方式，如跑步、健身、游泳等，每周进行适当的锻炼。

其次，大学生应该培养阅读的习惯。阅读可以扩大知识面、提高思维能力和文化素养，同时也有助于培养深度思考和独立思考的能力。大学生可以选择一些自己喜欢的书籍，每天花一定的时间进行阅读。

此外，大学生还可以培养一些其他的健康的情趣，如音乐、绘画、旅游等。这些情趣可以丰富大学生活，提高审美能力和人文素养，同时也有助于缓解压力和焦虑。

（六）兴趣广泛

首先，大学生可以选择一些自己感兴趣的领域进行深入了解。例如，对于喜欢音乐的大学生进行声乐、钢琴、吉他等乐器的学习；对于喜欢影视的大学生进行电影、电视剧、动画等作品的学习。这样不仅可以丰富自己的兴趣爱好，还可以提高文艺素养和审美能力。

其次，大学生可以选择一些自己不熟悉的领域进行尝试。例如，对于不擅长运动的大学生尝试健身、瑜伽、户外运动等；对于不擅长语言的大学生尝试学习外语、小语种等。这样不仅可以拓宽自己的兴趣爱好，还可以提高自身综合素质和能力。

此外，大学生在兴趣爱好方面还应该注重实践。参加校内外的文艺、体

育、科技等方面的活动，不仅可以展示自己的才华和能力，还可以结交更多志同道合的朋友，增强人际交往和沟通能力。

五、建立和谐人际关系

建立和谐人际关系是大学生的一项重要能力之一，也是大学生活的重要组成部分。大学生可以从以下几个方面建立和谐人际关系。

（一）大学生应该学会尊重他人

尊重他人的价值观、习惯和兴趣，是建立良好人际关系的基础和前提。在大学生活中，大学生应该尽可能地了解室友、同学、老师等人的价值观及习惯和兴趣，并在交往中给予尊重和理解。例如，对于喜欢运动的同学，可以一起参加运动会、健身等方式来增进友谊；对于喜欢文艺的同学，可以一起看电影、听音乐等方式来增强互相的了解和沟通。同时，在发生冲突或矛盾时，也应该以理性和包容的态度来处理，避免互相攻击和伤害。通过尊重他人的价值观、习惯和兴趣，可以建立良好的人际关系，增强人际关系的和谐度和稳定性，提高大学生活的质量和价值。

（二）大学生应该学会沟通技巧

在人际交往中，良好的沟通技巧是非常重要的，可以让大学生更好地表达自己的想法和感受，同时倾听他人的意见和观点。以下是一些沟通技巧的建议。

1. 要善于表达

在沟通中，要清晰、简明地表达自己的想法和感受，避免使用模糊、含糊的语言。同时，要注意语气和语调，避免过于激动或攻击性。

2. 要善于倾听

倾听他人的意见和观点，可以显示自己的尊重和关注，增强彼此的信任感。在倾听时，要注意对方的语气和表情，理解对方的意图和情感。

3. 要注意沟通场合

在不同的场合下，需要使用不同的沟通技巧。在公共场合，需要更加注意语气和措辞，避免影响他人；在私人场合，则可以更加自由地表达自己的想法和感受。

4. 要善于解决冲突

在人际交往中，难免会发生一些矛盾和冲突，需要使用合适的解决方式来处理。要学会理解对方的立场和感受，寻找共同的解决方案。

总之，良好的沟通技巧可以让大学生更好地表达自己的想法和感受，同时倾听他人的意见和观点。通过不断提高自己的沟通技巧，可以增强人际交往能力，建立良好的人际关系。

（三）大学生应该积极参加社交活动

参加校内外的社交活动，是大学生结交朋友、扩大人际关系圈、增强人际交往能力的重要途径之一。通过参加各种社团、组织、义工活动等，可以与更多的人接触和交流，提高自己的沟通能力和社交技巧。同时，也可以结交志同道合的朋友，增强自己的社交支持和归属感。

1. 大学生应该多参加一些校内外的社交活动

可以参加学校组织的各种文艺、体育、义工等活动，也可以参加一些社团、组织等，提高自己的社交能力。

2. 大学生应该注重人际关系圈的多元化

在参加社交活动时，不要局限于同专业、同年级的人，应该尝试与不同领域、不同背景的人交流和接触，扩展自己的人脉圈子。这样可以让自己更好地了解不同的文化和观念，增强自己的跨文化意识和沟通能力。

3. 大学生应该注重人际关系的维护

在结交朋友、建立人际关系后，应该积极维护和保持联系，不断加强彼此的信任和互动。可以通过电话、短信、邮件等方式保持联系，分享信息和经验，增强彼此的感情和凝聚力。

六、有效管理时间

高校学生必须树立一种时间观念，做好时间的规划和管理。

（一）保持激情

在高校里，学习压力很大，很容易感到疲惫和沮丧。因此，听一些关于

时间管理的音频资料是一个很好的方式来保持激情。通过这种方式，你可以随时随地学习和提高自己，并且不会感到压力太大。此外，还可以尝试其他方式来保持激情，例如参加课外活动、读书、与朋友交流等。

（二）尽量保持自己的专注态度

每个个体在专注于某项工作时，一定会首先花费一定的时间去进入状态，这里的进入状态是指将注意力集中在工作上并提高工作效率的状态。这种状态需要花费一定的时间来建立，并且一旦被打破，就需要重新花费时间来重建。因此，为了提高工作效率，个体需要尽力保持这种状态，避免被打破。以下是一些有助于保持专注状态的建议。

第一，制订清晰的工作计划，以便在开始工作之前就知道需要完成哪些任务和多长时间来完成这些任务。这有助于使注意力集中在最重要的任务上，并有助于安排时间以避免不必要的干扰。

第二，创造一个安静、整洁、没有干扰的工作环境。这意味着要关闭社交媒体、电子邮件和其他通知应用程序，将注意力集中在工作上。

第三，采用番茄工作法等时间管理技巧，每次工作 25 分钟后休息 5 分钟，然后再次集中注意力。这将有助于个体在工作时间保持专注，并在休息时间得到充分的放松。

第四，逐渐减少干扰，例如与同事的闲聊、邮件、手机通知等。这些干扰会破坏专注状态，因此要尽可能避免。

第五，学会控制情绪，保持冷静和放松。个体如果过于紧张或焦虑，就很难保持专注状态。因此，要学会放松身心，保持冷静和积极的心态。

（三）每天保证至少 30 分钟的锻炼时间

经常进行体育锻炼可以帮助我们保持身体健康，增强身体的抵抗力，预防许多疾病。同时，进行体育锻炼也可以促进血液循环，增加供氧能力，提高身体的能量水平，使我们更加有精力和活力。建议每个人都应该根据自己的身体状况和兴趣爱好选择适合自己的锻炼方式，并坚持每天锻炼一段时间。

（四）强度大的事情一次只能做一件

一次只做一件强度大的事情并且专注于该事情，可以让我们更加高效地利用时间和精力。如果同时进行多件事情，可能会导致注意力分散，从而降低效率和准确性，最终需要更多的时间和精力来完成任务。因此，建议在处理高强度任务时，先专注于该任务，确保将其高质量地完成，然后再考虑其他事情。

（五）简单的事可以同时做

简单的事情可以同时做，但需要注意时间和精力的分配，避免过度分散注意力，影响效率和准确性。例如，在等待或乘坐公共交通工具时，可以利用这段时间浏览新闻、听音乐、看书等简单的活动。这些活动可以帮助我们放松身心，同时也可以利用碎片化时间学习和充实自己。但需要注意的是，在进行这些活动时，也要注意时间和精力的分配，避免过度占用正式工作或学习的时间和精力。

（六）每周用一天时间放松自己

维持各个方面的平衡是非常重要的。学习是成长和发展的关键，但过度专注学习并以牺牲业余生活为代价，可能会对身心健康产生负面影响。因此，每周安排一天时间来放松和享受生活是很重要的，这可以帮助我们缓解压力和焦虑，提高身心健康水平。同时，适量的体育锻炼和充足的睡眠也是保持身心健康的重要因素。重要的是要找到适合自己的平衡点，使学习和生活达到一个平衡的状态。

七、学会调节

（一）积极暗示

自我激励是非常重要的，可以帮助我们更好地应对挑战和压力，增强自信心和情绪调节能力。通过自我内部语言或文字的形式来激励自己，可以帮助我们更好地认识自己，理解自己的情感和想法，并更好地调节自己的情绪。

一些自我激励的方法包括以下几种。

1. 写日记

每天写日记可以帮助你记录自己的情绪和想法，分析自己的优点和不足，并为自己制定更好的目标。

2. 自我肯定

肯定自己的优点和成就，同时也要学会宽容地对待自己的缺点和错误。

3. 自我激励

通过自我内部语言或文字的形式来激励自己，例如想象自己成功的样子，提醒自己拥有无限潜力。

4. 培养积极的态度

积极的态度可以帮助我们更好地应对挑战和困难，增强自信心和情绪调节能力。

5. 维持健康的生活方式

身体健康对于心理健康至关重要，所以维持健康的饮食和运动习惯可以帮助我们更好地调节情绪。

（二）学会遗忘

克服恋旧心理需要一定的时间和努力，可以尝试以下方法。

1. 面对现实

意识到过去已经无法改变，无论是好是坏，都应该接受现实。尝试去发现自己的优点和不足，以及自己真正的需求和想法。

2. 积极参与到现实的群体中去

与身边的人建立联系，参加社交活动，通过交流和互动来建立新的社交网络和关系。这有助于转移对过去的关注，并帮助你发现新的事物和经历。

3. 学会释怀

尝试接受过去发生的不愉快事件，并学会从中成长和学习。如果某些事件或情感一直占据你的内心，尝试寻找心理疏导或治疗来帮助你释放情感。

4. 寻找新的兴趣爱好

尝试寻找自己感兴趣的事物，并学习新的技能或爱好。这有助于发展新的能力和兴趣爱好，同时也能让你结交新朋友。

5. 寻求支持

与身边的人分享你的感受和想法，寻求理解和支持。如果需要，也可以寻求专业心理咨询或治疗来帮助你克服恋旧心理。

（三）转移和升华

把消极的情绪转移到积极方面是一种很好的情绪调节方式，可以帮助我们更好地应对困难和挑战，同时保持乐观和积极的心态。以下是一些把消极情绪转移到积极方面的建议。

1. 寻找自己的优点

当你感到沮丧或失落时，尝试停下来思考自己的优点。提醒自己已经完成的好事和成就，相信自己的能力和潜力，这样你就能更好地面对困难和挑战。

2. 想象美好的事物

想象美好的事物可以帮助你保持乐观和积极的心态。你可以尝试想象自己未来的美好生活、美好的旅行目的地、美好的人际关系等。

3. 做一些喜欢的事情

当你感到沮丧或失落时，尝试做一些喜欢的事情，例如听音乐、看电影、阅读等。这不仅可以让你放松身心，还可以帮助你转移注意力，缓解消极情绪。

4. 寻找帮助

如果你感到无法独自应对消极情绪，尝试向朋友、家人或专业人士寻求帮助和支持。他们可以提供不同的视角和建议，帮助你更好地应对消极情绪。

（四）合理宣泄

合理宣泄是一种缓解压力和情绪的方式，它可以帮助我们处理负面情绪，保持心理平衡和健康。以下是一些关于合理宣泄的建议。

1. 找到适合自己的方式

每个人宣泄情绪的方式都不同，你可以尝试找到适合自己的方式。例如，有些人可能会选择写日记、听音乐或进行运动等方式来宣泄情绪。

2. 表达自己的感受

如果你感到沮丧或失落，尝试与朋友或家人分享你的感受。他们可以给予你支持和建议，帮助你更好地处理负面情绪。

3. 寻找艺术途径

艺术是一种很好的宣泄方式，例如写作、绘画、唱歌、跳舞等。通过这些方式，你可以表达自己的情感和感受，并感受到内心的释放和轻松。

4. 进行身体运动

身体运动是一种很好的宣泄方式，例如跑步、游泳、瑜伽、健身等。通过这些运动，你可以释放身体中的能量和压力，并感受到放松和舒适。

（五）充分利用各种资源

合理利用资源是一种很好的情绪调节方式，可以帮助我们更好地应对负面情绪和压力。我们可以尝试不同的方式，找到适合自己的调节方式，并适时应用，让自己更加健康和幸福。

1. 多与人交往和沟通，争取更多的信息

与人交往和沟通可以帮助我们更好地应对情绪和压力，增强自信心和安全感。可以通过与同事、朋友、家人等人交往，分享自己的想法和感受，从中获得支持和建议。

2. 多向师长请教，向别人学习

向师长请教和学习可以增强自我认知和自我调节能力。可以通过向导师、领导、同事等人请教，学习他们的经验和知识，提升自己的能力和素质。

3. 到学校心理咨询机构咨询，请心理咨询专业人员帮助进行心理疏导

心理咨询专业人员可以帮助我们更好地应对情绪和压力，提升自我认知和自我调节能力。可以通过与心理咨询专业人员交流，分享自己的感受和想法，获得专业的建议和支持。

第五章
高质量推进高校学生情绪管理的策略研究

青春期是一个人生命中非常关键的时期，大学生正处于这个时期，他们正在经历着许多变化，包括自我认识、情感、认知和行为等方面。这些变化会导致他们的情绪起伏波动大，容易陷入情绪困扰。本章即对高校学生情绪管理的相关知识进行简要阐述。

第一节　情绪管理的内涵

一、情绪的概念

情绪，是对一系列主观认知经验的通称，是多种感觉、思想和行为综合产生的心理和生理状态，其主要包含情绪体验、情绪行为和情绪唤醒三种成分。

（一）情绪体验

情绪体验是指人在主观上感受或意识到的情绪状况。情绪发生时并非所有的内部体验都是情绪，但直接的主观体验是情绪现象不可或缺的组成部分，并且在强度和性质上有所不同。

（二）情绪行为

情绪行为是指个体在情绪唤醒时对行为产生影响的一种心理状态。情绪

行为涵盖了各种情绪表现，如快乐、悲伤、愤怒、恐惧、焦虑等。

情绪行为的主要特点是其生理和心理的相互影响。

（三）情绪唤醒

情绪唤醒是指个体在面对刺激时产生的情绪反应，通常表现为生理或心理上的变化。

情绪唤醒的主要特点是其生理和心理的相互影响。在情绪唤醒时，个体的大脑和身体会释放出多种化学物质，如肾上腺素、去甲肾上腺素、皮质醇等，这些化学物质会导致身体各部分的反应，如心率加快、血压升高、呼吸急促等。这些身体反应又会进一步影响个体的情绪和行为。

情绪唤醒的研究在心理学和神经科学等领域得到了广泛关注。研究表明，情绪唤醒和认知过程之间存在密切关联，如情绪唤醒会影响个体的决策、记忆和学习能力等。此外，情绪唤醒还受到个体差异、文化背景和环境等因素的影响。

二、情绪的分类

根据不同的标准，可以将情绪分为不同的类型。

（一）根据情绪的强度和持续时间不同进行分类

根据情绪的强度和持续时间不同，可以将情绪分为心境、激情和应激。

1. 心境

心境是指一种微弱、平静、持续时间较长的情绪状态，如愉悦或沮丧。

2. 激情

激情是指一种强烈、短暂的情绪状态，如愤怒、喜悦或恐惧。

3. 应激

应激是指出乎意料的紧张情况所引起的急速而高度紧张的情绪状态，如考试焦虑、面试紧张等。

（二）根据情绪的主观体验和外部表现不同进行分类

根据情绪的主观体验和外部表现不同，可以将情绪分为愉悦情绪、愤怒情绪、恐惧情绪和悲伤情绪等。

1. 愉悦情绪

愉悦情绪是指个体感到愉快、放松和满足的情绪状态，如幸福、满足和喜悦等。

2. 愤怒情绪

愤怒情绪是指个体感到不满、愤怒和不满的情绪状态，如愤怒、恼怒和气愤等。

3. 恐惧情绪

恐惧情绪是指个体感到害怕、紧张和焦虑的情绪状态，如恐惧、焦虑和紧张等。

4. 悲伤情绪

悲伤情绪是指个体感到难过、失落和沮丧的情绪状态，如悲伤、失落和孤独等。

（三）根据情绪的稳定性和可调节性不同进行分类

根据情绪的稳定性和可调节性不同，可以将情绪分为积极情绪、消极情绪和中性情绪。

1. 积极情绪

积极情绪是指个体感到愉快、满足和轻松的情绪状态，如高兴、希望和满意等。

2. 消极情绪

消极情绪是指个体感到不满、沮丧和紧张的情绪状态，如愤怒、恐惧和焦虑等。

3. 中性情绪

中性情绪是指个体的情绪体验比较平稳，没有明显的积极或消极倾向，如平静、冷静和漠然等。

（四）根据情绪的社会化程度不同进行分类

根据情绪的社会化程度不同，可以将情绪分为基本情绪和复杂情绪。

1. 基本情绪

基本情绪是指个体天生具有的、无须学习便可表现的情绪，如喜悦、愤怒、恐惧和悲伤等。

2. 复杂情绪

复杂情绪是指个体在社会化过程中学习获得的，由多种基本情绪组成的情绪状态，如羞耻、内疚、尴尬和自豪等。

三、情绪的层面

情绪的层面是指情绪在不同层面的表现和影响，具体包括以下几个（图 5-1）。

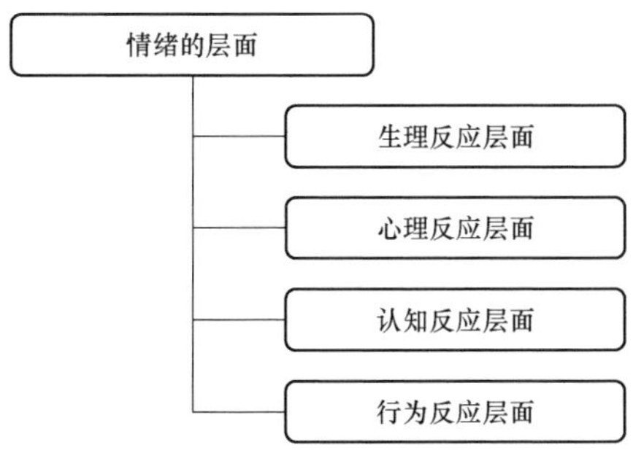

图 5-1　情绪的层面

（一）生理反应层面

情绪会对生理产生影响，如心跳加速、血压升高、内分泌失调等。这些生理反应可以帮助我们应对各种情境，但也可能导致情绪失控。

（二）心理反应层面

情绪会在心理上引起一定的感受和体验，如快乐、悲伤、愤怒、焦虑等。这些情绪体验可能会影响到我们的情感状态和行为。

（三）认知反应层面

情绪会影响我们的认知和决策，例如当我们感到危险时，会更容易感到害怕和担忧，进而影响我们的判断和决策。

（四）行为反应层面

情绪会影响我们的行为和表现，例如当我们感到愤怒时，可能会做出冲动的行为。理解和处理情绪的各个层面可以帮助我们更好地应对情绪。

四、情绪的功能

情绪的功能包括适应功能、动机功能、组织功能、社会功能、识别功能（图 5-2）。

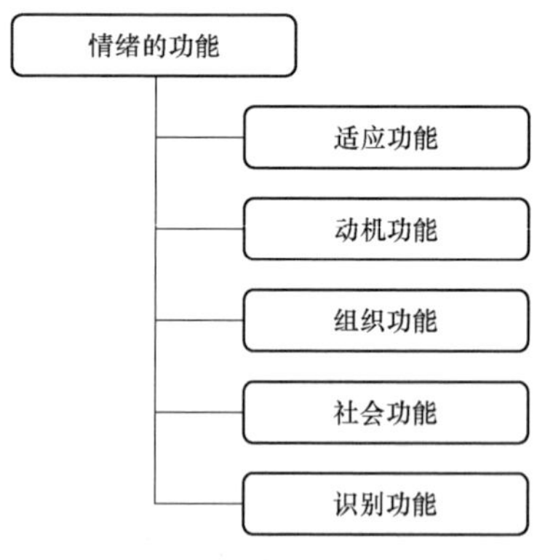

图 5-2　情绪的功能

（一）适应功能

情绪的适应功能是指情绪是适应生存和发展的方式，例如有机体在生存和发展过程中，有多种适应方式，如逃跑、攻击、接近等，这些方式均由某种情绪所引发。在日常生活中，情绪还有更多的适应功能，例如传递信息、调节关系、自我防御等。因此，情绪是生物有机体针对环境刺激所产生的一种适应性反应。

（二）动机功能

动机是指推动人进行活动的内部动力，情绪的产生与人的需要和动机有关，例如兴奋、满足等积极情绪可以激励人进行符合自己动机的活动，而恐惧、绝望等消极情绪则会抑制人的行动。因此，情绪是动机的重要来源之一，可以激励人们进行社会交往、探索新事物、解决问题等。

（三）组织功能

情绪的组织功能是指情绪可以组织人们的心理和行为资源，使之更加协调和高效。例如，在完成某个任务时，如果个体的多个系统（如认知、行为、生理等）之间产生矛盾或者不协调的情况，情绪的产生可以协调这些资源，使之更加协调和高效。例如，个体在面对威胁时，恐惧情绪的产生可以协调认知、行为和生理资源，使之更加协调和高效地应对威胁。因此，情绪的组织功能可以帮助人们更加协调和高效地应对环境中的挑战和威胁。

（四）社会功能

情绪的社会功能是指情绪可以帮助人们进行社会交往和交流。在社交过程中，情绪是重要的交流方式之一，可以传递信息、表达态度、建立关系等。例如，喜悦、同情等积极情绪可以加强人际关系，而愤怒、厌恶等消极情绪则可能会破坏人际关系。此外，情绪还可以帮助人们进行社会适应和道德判断，例如羞耻、愧疚等消极情绪可以帮助人们进行自我约束和道德规范。

（五）识别功能

情绪的识别功能是指情绪可以帮助人们识别自己和他人的情感状态和需要。例如，在社交过程中，个体可以通过观察他人的面部表情、语音语调等来判断他人的情感状态和需要。同时，情绪还可以帮助个体识别自己的情感状态和需要，例如在面对挫折时，个体可以通过感受自己的愤怒情绪来识别自己的不满和需要。

五、情绪表达的基本形式

面部表情、姿态表情和语调表情是情绪表达的三种基本形式（图 5-3）。

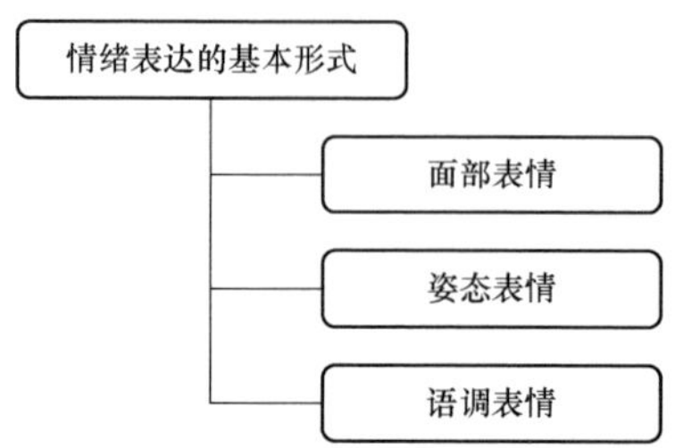

图 5-3　情绪表达的基本形式

（一）面部表情

面部表情是由面部肌肉和腺体变化来表现情绪状态的一种方式，它是人类语言之外的重要沟通方式。面部表情可以表达正面和负面的情绪，如快乐、喜悦、惊奇、愤怒、悲伤、恐惧、轻蔑等。面部表情具有跨文化性，即在不同文化背景下，人们对面部表情的解读基本一致。

（二）姿态表情

姿态表情是指身体表达情感的非言语方式。例如，高兴时“捧腹大笑”，气愤时“紧握双拳”，紧张时“坐立不安”等。

（三）语调表情

语调表情是指说话的音调、音色、声音高低、声音大小等变化来表达情感。例如，高兴时“声音高亢”，气愤时“声音嘶哑”等。

六、情绪的价值

情绪的价值如图 5-4 所示。

（一）影响人的健康

良好的情绪对人体健康非常重要。情绪会影响人体的生理和心理变化，

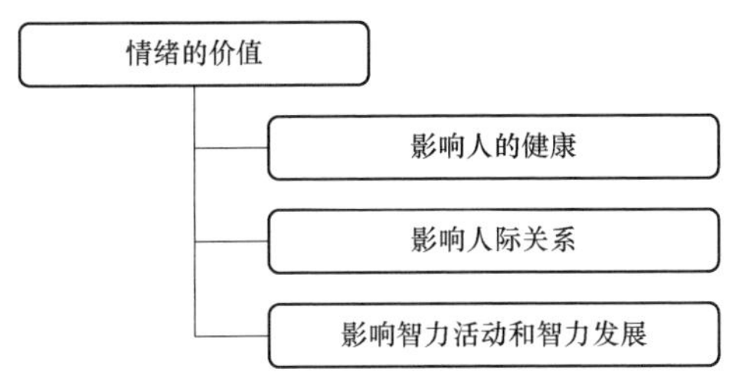

图 5-4　情绪的价值

例如，焦虑、紧张等负面情绪会导致人体内激素水平的变化，影响免疫系统的功能，从而增加患病的风险。而乐观、积极等正面情绪则有利于增强身体的抵抗力，降低患病的风险。

（二）影响人际关系

情绪反应是影响人际亲疏关系的重要因素之一。如果两个人之间有相似的情绪反应和情感交流，他们就更容易产生共鸣和理解，从而建立亲密的人际关系。但如果一个人不尊重别人的人格，那么他的人际关系就很容易僵化。因为人际关系是基于相互尊重和信任的基础之上的，如果一个人对别人不尊重或不信任，那么就很难建立良好的人际关系。同时，缺乏真情实感也会导致一个人难以理解别人的情感和需要，从而更容易产生误解和冲突。

如果一个人希望和别人建立亲密的人际关系，他就必须学会尊重别人的人格和情感，并对他人展现出真正的关心和支持。

（三）影响智力活动和智力发展

情绪对人的认知过程产生影响，因为它们会影响人的思维、判断和决策。积极乐观的情绪通常会增强人的认知能力，而负面情绪则会干扰人的认知能力。

例如，当一个人感到快乐、满足和兴奋时，他的思维会更加灵活，创造力和想象力会更加活跃。这样的情绪状态通常会导致更好的记忆和更高的注意力集中水平。相反，当一个人感到沮丧、焦虑或压力时，他的思维可能会变得混乱和迟钝，他可能会更容易分心和忘记信息。

此外，情绪还可以影响人的智力发展。例如，一个孩子在经历情绪创伤时，可能会导致他的智力发展受到阻碍。同样，一个长期处于积极情绪环境中的孩子，可能会更容易激发创造力和想象力，从而促进他的智力发展。

因此，在教育孩子时，不仅要注重学术成就，还要注重孩子的情绪状态。父母和教师应该注意孩子的情绪变化，鼓励他们表达情感，并为他们提供积极的情绪环境，以促进他们的智力发展和认知能力的提高。

七、情绪出现的原因

情绪出现的原因如图 5-5 所示。

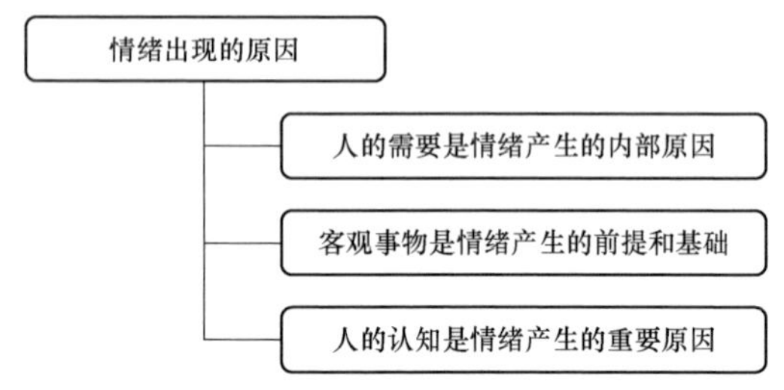

图 5-5　情绪出现的原因

（一）人的需要是情绪产生的内部原因

情绪是人的内心需要是否得到满足而引起的，当人的需要得到满足时，人就会感到快乐、满足和兴奋；而当人的需要没有得到满足时，人则可能会感到失望、不满和愤怒。因此，人的需要是情绪产生的内部原因。例如，当一个人获得了期望的东西，比如获得了一份心仪的工作、实现了自己的梦想、赢得了比赛等，就会感到开心和满足；而当一个人期望的东西没有得到，比如没有考上理想的学校、没有赢得比赛、没有得到期望的工作机会等，就会感到失望和不满。

（二）客观事物是情绪产生的前提和基础

首先，客观事物引起人的感知觉，而感知觉是产生情绪的前提之一。例如，看到一只可爱的小猫会让人感到愉悦，而看到一只浑身脏乱的小狗则可

能会让人感到不愉快。其次，客观事物引起人的认知过程，而认知过程也是产生情绪的基础之一。例如，面对失败的考试成绩，有些人可能会感到沮丧，而有些人则可能会认为这是一个挑战，从而感到兴奋。此外，客观事物还可以引起人的生理反应和生理状态，而生理反应和生理状态也是产生情绪的基础之一。例如，听到惊恐的故事会让人感到紧张和害怕，而长时间的静坐不动也可能会让人感到焦虑和不安。

因此，客观事物是情绪产生的前提和基础，没有对客观事物的认识、感知、认知、生理反应和生理状态等，人就不能产生这样或那样的内心体验。

（三）人的认知是情绪产生的重要原因

人的情绪不仅仅是由客观事物的特点和关系所决定的，还与人们对客观事物的认知和评价有关。

人们对于客观事物的认知和评价主要涉及三个方面：一是对于该事物本身的认识和评价，如对于一个风景、一个人、一件事情的认识和评价；二是对于自己的认识和评价，如自我意识、自尊心、自卑感等；三是对于人际关系的认识和评价，如对于亲朋好友、家庭成员、同事的认识和评价。这些认知和评价都会影响人的情绪体验。

因此，人的认知是情绪产生的重要原因之一，对于情绪的产生和变化具有重要的作用。

八、大学生情绪的影响因素

大学生情绪的影响因素有很多，以下是一些常见的因素（图 5-6）。

（一）认知因素

认知因素是影响大学生情绪的重要因素之一，它包括对自我、他人和世界的认知和评价。大学生对于自己的学习、生活和社交等问题的认知和评价，会直接影响他们的情绪状态和行为反应。比如，如果大学生能够积极看待自己的学习和生活，认识到自己的价值和意义，就会产生积极的情绪体验和行为反应。

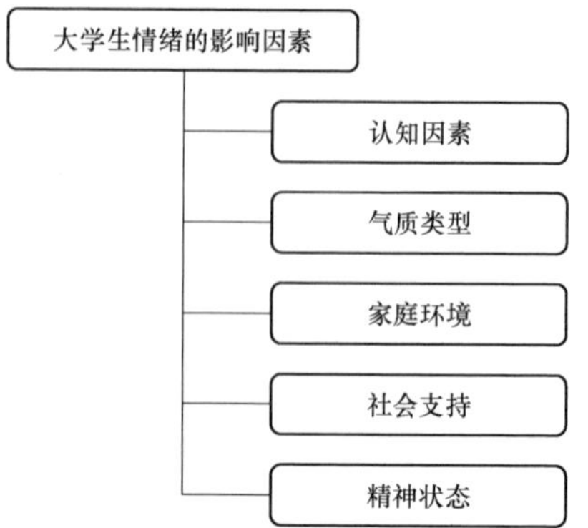

图 5-6　大学生情绪的影响因素

（二）气质类型

气质类型是指个体在情绪反应方面的先天差异。不同气质类型的人在情绪体验和反应上存在差异，会影响他们的情绪状态和行为反应。比如，气质类型属于焦虑型的人，容易在面对陌生环境和人际交往时感到紧张和不安，从而影响他们的情绪状态和行为表现。

（三）家庭环境

家庭环境对大学生的情绪发展也有重要影响。家庭的氛围、互动模式和教育方式等，都会对大学生的情绪产生影响。比如，如果家庭环境和谐，父母能够倾听和理解孩子的情绪表达，孩子就会更容易表达自己的情感需求和情绪反应。

（四）社会支持

社会支持是指个体在社会生活中得到的支持和帮助。大学生处于一个复杂的社会环境中，需要得到社会的认可和支持，才能实现自我发展和价值实现。如果大学生能够得到良好的社会支持和帮助，就会产生积极的情绪体验和行为表现。

（五）精神状态

精神状态是指个体的心理状况，包括心理健康和心理疾病等。良好的精

神状态是保持健康情绪的基础，而精神疾病则会影响大学生的情绪状态和行为表现。比如，抑郁症和焦虑症等精神疾病会导致大学生产生持久而严重的负面情绪。

第二节　高校学生常见的情绪问题

一、狂喜

狂喜是一种强烈的情绪体验，有时会发生在高校学生身上。这种情绪体验通常是由于某些正面事件或经历引起的，例如获得成功、感到被人爱或赞赏，或者经历某些有趣的或愉快的事情。

虽然狂喜是一种正常的情绪体验，但如果过度或过于频繁地发生，可能会对个人的心理和生理健康产生负面影响。在高校学生中，狂喜可能会引起以下一些问题。

第一，过度消耗精力。狂喜通常需要大量的精力和时间来达到高潮，如果过度追求这种情绪体验，可能会影响学习和休息的时间，导致身体和心理疲劳。

第二，影响社交关系。狂喜有时会导致学生变得过于以自我为中心，忽视他人的感受，这可能会影响他们的社交关系。

第三，降低自我意识。狂喜有时会导致学生失去对自己的控制，降低自我意识，这可能会影响他们的判断能力和行为表现。

因此，高校学生需要适当控制自己的情绪体验，保持平衡和冷静的态度，以确保自己的身心健康和学习成绩。如果狂喜情绪过于频繁或严重影响日常生活，建议学生寻求心理咨询或治疗。

二、自负

自负通常是指个体具有过高的自我评价和自我认知，认为自己具有比实际情况更优秀的品质和能力。这种情绪问题通常是由于自我期望过高、过分关注自我形象和社交地位、缺乏足够的挫折承受力等因素引起的。

高校学生常常面临各种竞争和挑战，如考试、竞争激烈的课程、社交压力等。如果学生在这些挑战中没有取得他们认为应该有的成功，他们可能会开始怀疑自己，变得自负。自负可能会导致学生无法接受失败或缺点，这可能会影响他们的学习、社交和人际关系。自负情绪问题通常表现为以下行为。

（一）傲慢

学生可能会表现出傲慢的态度，看不起别人或对自己的成就感到自豪，这是因为自负情绪通常伴随着过度自我关注和缺乏对他人的关注。这种行为可能会影响他们的社交关系和人际关系，导致他们被孤立或失去朋友。同时，这种行为也可能影响他们的学习和成长，因为过度自负可能会导致学生不愿意接受挑战或接受负面反馈，从而限制他们的成长和发展。

（二）防御性

当学生面对批评或负面反馈时表现出防御性，通常是因为他们感到受伤或自尊心受到了威胁。这种反应可能源于过度自我关注或缺乏自我反思能力。长期来看，这种防御性反应可能会影响学生的学习和成长，导致他们难以接受失败或缺点，从而缺乏改进和成长的机会。

（三）缺乏自我反思

自负的学生会认为自己总是正确的，不会认真反思自己的缺点或错误，这通常是因为他们缺乏足够的自我反思能力，同时也可能伴随着过度自我关注和对他人的缺乏关注。这种行为问题可能会导致学生无法真正接受负面反馈或改进自己的学习和行为方式，从而影响他们的成长和发展。

（四）无法接受失败

自负学生会难以接受失败或挫折，可能会表现出沮丧、焦虑或其他情绪问题。

因此，高校学生需要适当控制自己的情绪，保持适当的自我认知和谦虚态度，以更好地应对竞争和挑战，提高自己的学习和成长。如果自负情绪过于严重影响日常生活，建议学生寻求心理咨询或治疗。

三、抑郁

抑郁通常是指个体感到情绪低落、消沉、无助、自责、无动力等，这些情绪状态可能会影响个体的日常生活、学习和社交活动。高校学生可能会在面对学业压力、人际交往、生活困难、职业规划等问题时出现抑郁情绪问题。

抑郁情绪问题可能导致高校学生感到疲惫、缺乏动力和兴趣，影响他们的学习效果和成绩。此外，抑郁也可能会影响学生的社交关系和自尊心，使他们感到孤独和无助。长期抑郁可能会导致学生出现自我否定和自杀倾向等严重后果。

四、嫉妒

嫉妒是高校学生中有一定普遍性的不良情绪，可能会影响人际关系和心理健康。嫉妒心是一种心理状态，通常源于对自己或他人的不满或不信任。嫉妒心会使人感到痛苦、不安和焦虑，常常伴随而过的是怨恨、猜忌和心理上的压抑。

高校学生中嫉妒心的表现形式多种多样，如对于比自己成绩好的同学，可能产生的不满和嫉妒心理；对于自己曾经喜欢的人或物产生的怨恨心理；对于比自己成功的人产生的猜忌心理等等。嫉妒心在高校学生中产生的原因有多方面，如自尊心过强、虚荣心过盛、自卑心理、缺乏客观的自我分析和自我调节能力等。

嫉妒心对于高校学生的心理健康和人际关系都有一定的负面影响。嫉妒心会使人感到痛苦、不安和焦虑，容易使人心胸狭窄、排他性强，甚至产生敌对情绪。嫉妒心还会影响人际关系的和谐，破坏友谊和爱情关系，甚至可能导致孤立的局面。

五、冷漠

冷漠是高校学生中常见的情绪问题之一，通常表现为缺乏情感投入和情感反应，无论是对于自身还是对于他人。冷漠的学生通常缺乏动力和兴趣，对于学业和社交活动都缺乏热情和投入。他们可能感觉自己与周围的事物隔绝，缺乏认同感和归属感。

冷漠在高校学生中常见的原因包括过去的创伤、焦虑、压力和不满意感等。此外，对未来的不确定感和无力感也可能导致冷漠。

冷漠对于高校学生的身心健康和人际关系都有不良影响。冷漠可能导致学生感到孤独和焦虑，影响他们的睡眠和食欲。此外，缺乏热情和投入可能导致学生取得学业成功和建立稳定的人际关系的能力受到限制。

六、愤怒

高校学生面临着学业、就业、人际交往等多方面的压力和挑战，当他们感到不满或受到挫折时，容易产生愤怒情绪。此外，有些学生可能因为性格、家庭背景、文化背景等因素，更容易产生愤怒情绪。

愤怒对于高校学生的身心健康和人际关系都有不良影响。长期愤怒可能导致学生失眠、头痛、心脏不适等身体问题，还可能导致学生情绪不稳定、易怒、焦虑等心理问题。此外，愤怒还可能导致学生的人际关系破裂，影响他们的社交能力和幸福感。

第三节　高校学生情绪管理的策略研究

一、调整认知

作为大学生，拥有合理的认知对于情绪管理和生活质量的提升非常重要。以下是一些方法可以帮助大学生调整自己的认知。

（一）观察自己的想法和情绪

大学生需要学会观察自己的想法和情绪，特别是那些对自己和他人的负面评价和判断。当发现自己出现不合理的认知时，要及时进行调整。

（二）接受自己的缺点和不足

大学生需要接受自己的缺点和不足，不要过分苛求自己和他人。合理的认知应该是在尽力做好自己的同时，也能够尊重他人的能力和局限性。

（三）培养积极的生活态度

大学生需要培养积极的生活态度，学会从负面事件中寻找积极的方面。这种积极的态度可以帮助大学生更好地应对挑战和困难，提升情绪管理能力。

二、正确对待挫折

正确对待挫折是高校学生情绪管理的一个重要策略，因为高校学生经常会面临各种挫折和失败。具体来说，应该做到以下几点。

（一）对挫折有充分的思想准备

如果对挫折有充分的思想准备，就能够更好地面对挫折，披荆斩棘不徘徊。在现实生活中，高校学生可能会遇到各种挫折和失败，比如考试不及格、面试被拒绝、人际关系问题等。如果他们对这些挫折有充分的思想准备，就能够更好地应对这些挑战和困难，而不是徘徊和纠结。如何对挫折有充分的思想准备呢？以下是一些方法。

第一，认识到挫折是生活中不可避免的一部分。不要把挫折看成是个人能力的不足，而是看作一个学习和成长的机会。

第二，接受自己的情绪。当遇到挫折时，会产生一些负面情绪，如沮丧、愤怒、失望等。高校学生需要学会接受这些情绪，而不是否认或压抑它们。

第三，调整自己的期望值。高校学生需要调整自己的期望值，不要过分追求完美和绝对。适度的期望值可以帮助高校学生更好地应对挫折和失败。

（二）看到挫折有利的一面

在现实生活中，高校学生可能会遇到各种挫折和失败，如果他们能够看到这些挫折有利的一面，比如把这些挫折看作是对自己的考验和锻炼，适度的压力有利于调动机体能量，思想上的压力常是精神上的兴奋剂，就可以更好地应对这些挑战和困难，而不是徘徊和纠结。

（三）加强意志力的培养

加强意志力的培养是提高大学生抗挫折能力的一个重要途径。以下是一些具体的建议。

1. 树立积极的人生观和远大的目标

要让大学生明确自己的人生目标和价值观，并不断追求和努力实现自己的梦想和目标。这样，他们在面对挫折和困难时，能够更有信心和毅力去克服。

2. 提供磨炼意志的机会

学校和教师可以有意识地安排一些有一定难度的任务和作业，或者设置适当的挑战和压力，让大学生在完成过程中面临适当的挑战和压力，从而磨炼自己的意志力和毅力。

3. 培养百折不挠、勇于探索的精神

要教育大学生在面对困难和挫折时，不要轻易放弃，要具备坚韧不拔、不畏困难的精神，不断地尝试和创新，探索未知的领域。

4. 建立良好的心态和生活习惯

大学生应该保持积极的心态，学会调节自己的情绪和心态，同时养成良好的生活习惯，保持身体健康和心理平衡。这样能够更好地应对挫折和挑战。

5. 加强心理咨询和辅导

学校和教师可以针对大学生的实际情况，提供专业的心理咨询和辅导服务，帮助大学生解决心理问题和困惑，增强心理素质和意志力。

（四）健全心理防卫机制

心理防卫机制可以有积极和消极之分。积极的心理防卫机制是指个体通过各种方式来调整自己的情绪和心态，以更好地应对挑战和压力，例如寻求社会支持、冷静思考、寻求心理咨询等。而消极的心理防卫机制则是指个体采取一些不利于自己或他人的方式来应对挑战和压力，例如逃避、否认、压抑、过度消费等。

在面对挫折和困难时，个体应尽量采取积极的心理防卫机制来应对，以

更好地解决问题和发展自己。同时，也应该认识到消极的心理防卫机制可能带来的负面影响，并尝试逐渐放弃或改变这些方式，以更积极的态度和方式来应对挑战和压力。

三、加强性格锻炼

性格特征对情绪活动的影响非常重要。不同的人有不同的性格特征，这些特征会影响他们在不同情况下的情绪反应。例如，一个人可能性格外向、活泼开朗，在社交场合中表现出自信和愉悦的情绪；而另一个人可能性格内向、沉静，更容易体验到孤独和沮丧的情绪。

为了保持健康的情绪状态，个人必须了解自己的性格特征，并注意克服性格方面的缺陷。例如，如果一个人过于内向，不善于与人交往和表达自己的情感，他们可以通过积极参加社交活动、尝试与他人沟通交流来改善自己的情绪状态；而如果一个人过于外向，可能需要注意控制自己的情绪和行为，避免过度消耗精力，寻找适当的放松和恢复途径。

总之，了解自己的性格特征，并注意克服性格方面的缺陷，可以帮助个人更好地管理自己的情绪状态，保持健康的心理状态。

四、善于克制和宣泄情绪

善于克制情绪是指个体在面对刺激时，能够通过适当的方式使情绪得到适当的表达，而不是让情绪影响到自己的行为和决策。例如，当个体遇到挫折或困难时，他们可以通过冷静思考、寻求帮助等方式来克制自己的情绪，而不是采取冲动或逃避的行为。

而宣泄情绪则是指个体通过适当的方式将情绪表达出来，以减轻心理压力和恢复心理平衡。例如，通过与朋友交流、运动、听音乐等方式来宣泄自己的情绪，让自己感受到心理上的支持和放松。

善于克制情绪可以帮助个体更好地控制自己的行为和决策，而宣泄情绪则可以帮助个体恢复心理平衡，减轻心理压力。

五、保持和创造快乐情绪

以下几种方法可以帮助高校学生保持和创造快乐的情绪。

（一）增强自信心

自信心是影响情绪状态的一个重要因素，也是获得快乐情绪的基本条件之一。自信的人通常更加乐观、积极和快乐，他们有更强的自我价值感和自我认同感，能够更好地应对挫折和困难，更容易实现自己的目标和理想。

增强自信心是快乐情绪的一个重要来源。通过积极的生活态度、自我探索和自我接纳等方式，可以增强自信心，从而更容易体验到快乐和愉悦的情绪。

（二）创造快乐

创造快乐是一个非常重要的主题，因为快乐是一种主观的情绪体验，可以通过主动积极的行动和思维模式来创造和引发。以下是一些创造快乐的方法和技巧。

第一，积极面对生活，充满希望和乐观的态度。积极寻找生活中的美好和乐趣，从平凡的琐事中发掘生活中的意义和价值。

第二，建立良好的人际关系，与亲朋好友分享快乐和美好。良好的人际关系可以提供情感支持和情感安慰，增加生活中的愉悦感和满足感。

第三，培养个人兴趣和爱好，积极参与自己喜欢的活动。兴趣爱好可以提供愉悦和满足感，增加生活中的乐趣和快乐。

第四，帮助他人，积极行善，参与公益活动等。帮助他人可以增加自尊和自我价值感，提供成就感和满足感。

第五，学会调节情绪，遇到挫折和困难时保持冷静和积极的心态。学会调节情绪可以增加自我控制力和自我调节能力，提供内心的平静和满足感。

第六，接受自己，接受生活中的不完美和缺点。接受自己可以增加自信和自尊，提供内心的平静和满足感。

（三）多点宽容，少些责备

宽容和责备对人们的情绪和心理健康有着深远的影响。多点宽容、少些

责备则有助于保持快乐情绪，这是因为宽容可以减轻压力、增进关系、减少负面情绪，而责备则可能带来伤害、破坏关系以及负面情绪。因此，我们应该保持宽容的态度，尽可能地理解别人、支持别人，并且尽可能地减少责备的次数。

六、创造健康的社会心理氛围

（一）心理治疗

心理治疗是一种通过语言、表情、动作和心理交流等方式，改变患者的不良心理状态和行为，促进心理健康的治疗方法。心理治疗一般由专业心理医生对个体进行，但也可以通过团体治疗、家庭治疗等方式进行。

（二）心理咨询

心理咨询是一种通过交流、建议、指导和支持等方式，帮助患者了解自己、解决问题、调整情绪、提高应对能力和行为质量的治疗方法。心理咨询一般由专业心理咨询师对个体或团体进行，可以通过电话、网络或面对面等形式进行。

（三）心理教育

心理教育是一种通过讲座、培训、互动和个案研究等方式，帮助患者了解心理学知识、掌握心理调节技能、促进心理健康的教育方法。心理教育一般由专业心理教育人员开展，可以通过课堂、小组讨论、个别辅导等方式进行。

（四）心理危机干预

心理危机干预是一种针对遭受重大心理创伤的患者，通过紧急治疗和干预，帮助患者恢复心理健康的治疗方法。心理危机干预一般由专业心理医生进行，可以通过面对面、电话或网络等形式进行。

七、养成科学的生活方式

大学生为了自身的情绪健康，应该养成科学的生活方式，自觉远离烟酒，控制饮酒量，保持适当的饮食和运动，保持良好的睡眠质量，避免过度使用电子设备等。同时，应该建立支持系统，获得情感支持和社交支持，增强自信心和应对能力，缓解身心压力。

八、努力培养自身的幽默感

高尚的幽默是生活中的调味品，可以帮助大学生缓解压力、保持心理健康，更好地面对生活中的各种挑战。因此，大学生应该培养自己的幽默感，学会用恰当的方式去表达自己的幽默。同时，也应该注意幽默的品质，避免使用低俗、歧视或攻击性的幽默，以免造成不必要的误会或矛盾。

九、积极参加各种娱乐活动

娱乐是调节情绪、愉悦身心的好方法，对于大学生的情绪健康非常重要。丰富的、健康的娱乐内容可以帮助大学生缓解压力、放松身心、保持积极乐观的心态。

十、采用各种行之有效的方法

当遇到挫折时，人们可能会表现出各种不良情绪反应，如焦虑、愤怒、沮丧、绝望等。这些情绪反应可能会影响一个人的思维、行为和身体健康。因此，运用适当的方法来改善情绪是非常重要的。

（一）自我放松法

自我放松法是一种自我调节和自我放松的方法，可以帮助人们缓解压力和紧张情绪，放松身体和心理。以下是一些自我放松的方法。

1. 深呼吸和冥想

深呼吸和冥想是一种有效的自我放松方法，可以帮助人们放松身心，减轻压力和焦虑。可以通过冥想、瑜伽等方式进行。

2. 渐进性肌肉松弛

渐进性肌肉松弛是一种通过逐渐放松身体肌肉来减轻压力和紧张情绪的方法。可以通过肌肉收缩和放松的方式进行。

3. 想象放松场景

想象自己在一个安静、舒适、放松的场景中，可以帮助人们缓解压力和紧张情绪。可以尝试想象自然场景、海滩、森林等。

4. 自我暗示

自我暗示是一种通过积极的自我激励来调节情绪和行为的方法。可以通过积极的自我暗示来缓解负面情绪，如“我可以做到”“我非常放松”等。

（二）注意力转移法

注意力转移法是一种非常有效的情绪调节方法，可以帮助人们有效地缓解压力和不良情绪，调整心态，放松身心。通过将注意力转移到其他事物上，人们可以暂时摆脱负面情绪，从而减轻情绪负担，得到放松和舒适的感觉。同时，通过参与其他活动，人们也可以体验到新的快乐和满足感，从而改善情绪。注意力转移法是一种积极有效的情绪调节方法，可以帮助人们更好地管理情绪，提高生活质量。

（三）自我安慰法

自我安慰法是一种有效的情绪调节方法，可以帮助人们应对挫折和不幸，缓解负面情绪，调整心态，增强自我控制力。通过找到一个自己可以接受的理由来说服自己不必陷入痛苦中，人们可以有效地减轻精神上的痛苦，缓解心理压力，改善情绪。同时，自我安慰也可以使人们更加清醒地认识自己的处境和问题，从而更好地应对挑战和困境，提高生活质量。因此，自我安慰法是一种非常有价值的情绪调节方法，可以帮助人们更好地管理情绪，提高心理健康水平。

（四）音乐调节法

音乐能够通过其节奏、旋律、音色、速度和力度等方面影响人的情绪和情感状态，从而调节人的心理压力和焦虑情绪。

例如，柔和、优美、抒情的音乐可以使人感到放松、平静和安宁，有助于缓解焦虑和抑郁症状；而欢快、活泼的音乐可以使人感到愉悦和兴奋，有助于改善人的精神状态和增强自信心。

需要注意的是，不同的人对音乐的喜好和反应是不同的，因此需要根据个人的情况和情绪选择适合自己的音乐进行聆听和欣赏。同时，也需要注意不要过度依赖音乐来调节情绪和心理健康，应该结合其他适当的调节方法来保持身心健康。

第六章
高质量推进高校学生人际交往管理的策略研究

人际交往是人类社会形成和发展的基础，同时也是个体发展的需要。良好的人际交往可以帮助大学生获得情感支持、知识技能、职业发展、心理健康和个人成长等多方面的益处。因此，大学生应该注重人际交往能力的培养和提升，积极与身边的人交往，建立良好的人际关系，为自己的成长和发展打下坚实的基础。

第一节　人际交往管理的内涵

一、人际交往的概念

人际交往是指个体通过一定的语言、文字或肢体动作、表情等表达手段将某种信息传递给其他个体的过程。人际交往可以满足个体对友谊、爱情、归属感等需要，也是个体认识自我、发展自我以及他人沟通的重要途径。

二、人际交往的过程

人际交往是由信息交流、动作交换和相互理解三个过程构成的复杂活动，这三个过程在人际交往中缺一不可（图 6-1）。

（一）信息交流

信息交流是人际交往的基础，它是指个体通过语言、文字、表情等手段传递信息给对方，让对方了解自己的思想、感情和意图。信息交流是人际交往的核心，只有有效的信息交流，才能让双方相互理解。

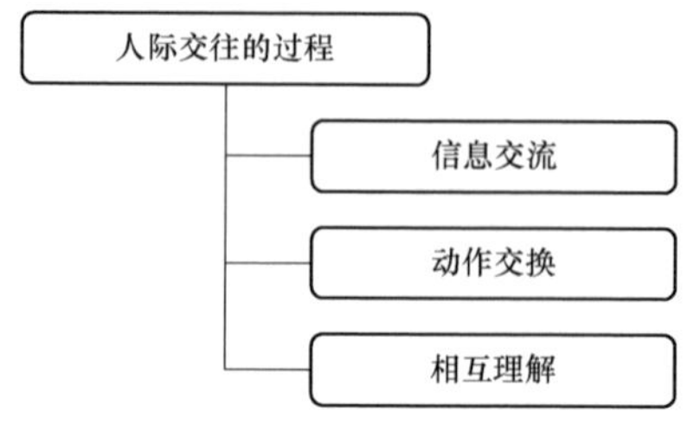

图 6-1　人际交往的过程

（二）动作交换

动作交换是人际交往的重要补充，它是指个体通过肢体动作、面部表情等非语言性的动作来传达信息，弥补单纯语言交流的不足。动作交换能够帮助双方更准确地表达自己的意思，也能够增强交流的亲密感和信任感。

（三）相互理解

相互理解是人际交往的目的，它是指双方能够相互理解对方的意图、想法和感情，达到沟通的效果。相互理解需要双方共同努力，倾听对方的意见，理解对方的立场，从而建立起良好的人际关系。

因此，信息交流、动作交换和相互理解是人际交往中不可或缺的三个过程，它们共同构成了人际交往的复杂活动。

三、人际交往的原则

人际交往的原则主要包括以下几个（图 6-2）。

（一）宽容原则

宽容原则是人际交往的重要原则之一。它包括对非原则性问题不斤斤计较，宽以待人，求大同存小异等方面。宽容可以使人在人际交往中更豁达，更宽容，更理解他人，从而建立起良好的人际关系。在人际交往中，宽容原则还体现在不要挑剔别人，不要挑剔别人的缺点和错误，而是要学会欣赏别

人的优点和长处，以开阔的胸怀和宽广的胸怀来面对人际交往中的各种问题和挑战。

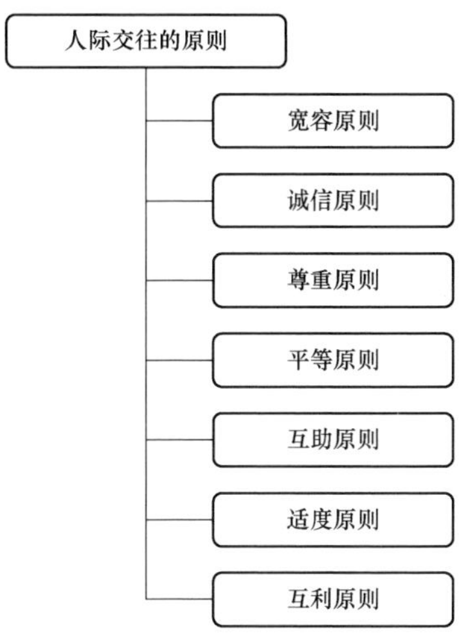

图 6-2　人际交往的原则

（二）诚信原则

诚信原则在人际交往中起着至关重要的作用，是交往的基础和前提。诚信原则要求人们在交往中要做到诚实、真诚、守信用，即要做到言行一致，不欺骗、不隐瞒、不违约。只有遵守诚信原则，才能建立起彼此信任、互惠互利、相互尊重的良好人际关系。

在人际交往中，遵守诚信原则还体现在要说老实话，办老实事，做老实人，言行一致，言出必行。同时，还要尊重他人的权利和利益，不损害他人的名誉和利益，不随意泄露他人的隐私。

总之，诚信原则是人际交往中不可或缺的重要原则，它不仅能帮助人们建立起良好的人际关系，还能让人们在交往中获得他人的尊重和信任，提高自己的人际交往能力和素质。

（三）尊重原则

尊重原则包括自尊和尊重他人两个方面。自尊就是在各种场合都要尊重自己。尊重他人就是在人际交往中，要尊重他人的感受和权利，不要轻易地打断别人的讲话，不要嘲讽、歧视他人，更不要以自己的标准去评判别人的优劣。同时，尊重原则还体现在要遵守社交礼仪，不要随意侵犯他人的隐私，不要做出不礼貌的行为。在交往中，还要学会欣赏别人的优点和长处，不要过于关注别人的缺点和错误，从而建立起健康、良好、平等的人际关系。

（四）平等原则

平等原则是指在交往中不应该因为身份、地位、经济状况、职业等方面的差异而对待不同，每个人都应该受到平等的尊重和待遇。在人际交往中，要遵循平等原则，不要因为自己的优越感而高人一等，也不要因为自己的自卑感而低人一等。只有建立起平等的人际关系，才能让交往更加真实、和谐、愉快。

同时，平等原则还体现在要尊重他人的权利和意愿，不要轻易地干涉别人的决定。在交往中，还要学会换位思考，理解别人的难处和苦衷，从而更好地关心和支持他人。

（五）互助原则

互助原则是指在交往中要互相帮助、支持和协作，建立起良好的合作关系。在人际交往中，互助原则体现在方方面面，例如在工作和学习中互相帮助，在生活中互相照顾，在困难和挑战面前互相支持和鼓励。只有通过互相帮助和支持，才能建立起紧密的人际关系，让交往更加有意义、有价值。同时，互助原则还要求在交往中要尊重他人的感受和需要，主动帮助他人解决问题和困难。在交往中，还要学会包容和谅解，不要轻易地抱怨和指责他人，从而建立起互信互敬的人际关系。

（六）适度原则

适度原则包括距离适度、情感适度、言语适度等方面。在人际交往中，要保持适度的距离，不要过于亲近或疏远，不要轻易地透露自己的隐私。同时，要保持情感适度的原则，不要过于热情或冷漠，要保持适当的关心和关注。在言语方面，要适度地表达自己的意见和情感，不要过于刻薄或攻击，也不要过于谦虚或冷漠。

此外，在人际交往中，还要注意时间适度、场合适度、程度适度等方面。不要在不适宜的时间和场合表达自己的情感和意见，只有遵循适度原则，才能建立起健康、良好、和谐的人际关系。

（七）互利原则

互利原则包括相互尊重、相互理解、相互信任、相互帮助、相互学习、相互促进等方面。在人际交往中，要尊重对方的权利和利益，理解对方的难处和苦衷，信任对方的人品和能力，促进双方的共同利益和共同成长。只有通过互利合作，才能建立起长久、稳定、和谐的人际关系。

同时，互利原则还要求在交往中要保持公平、公正、公开，不要利用自己的优势地位来压迫他人，也不要过分依赖他人的帮助来满足自己的需求。在交往中，还要学会保护自己的权益和利益，不要轻易地牺牲自己的利益来迎合他人。只有通过互利合作，才能实现双方的共同发展和共同进步。

四、人际交往的功能

人际交往是人类社会中不可缺少的组成部分，具有重要的功能。以下是人际交往的主要功能（图 6-3）。

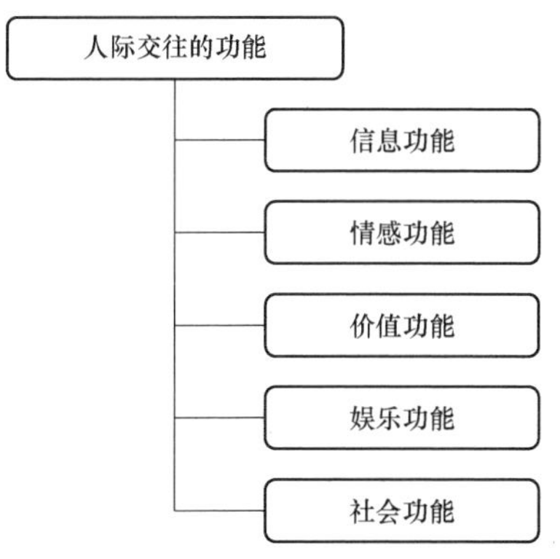

图 6-3　人际交往的功能

（一）信息功能

人际交往是获取信息的重要途径，人们可以通过与他人交流获取各种信息，如知识、经验、观点、思想、价值观等。人际交往不仅可以传递信息，还可以表达情感、传递价值观、增加乐趣，维持社会关系，促进社会和谐与稳定。

（二）情感功能

人们可以通过与他人交流来表达自己的情感和感受，以获得他人的支持和安慰。这种方式可以让人们更加坦诚地表达自己的情感，让他人了解自己的内心世界，建立更加亲密的人际关系。

（三）价值功能

人际交往是传递价值观的重要途径，人们可以通过与他人交流来传递自己的价值观，同时接受他人的价值观。通过交往来传递价值观，可以让人们更加开放地接受不同的价值观，形成更加丰富的价值观体系，促进社会的和谐与稳定。

（四）娱乐功能

人际交往确实具有一定的娱乐功能。在人际交往中，人们可以分享彼此的快乐，增进彼此之间的感情，享受彼此的陪伴。这种方式可以让人们更加开心地度过时光，满足人们的社交需求，同时还可以减轻压力，增强乐观向上的情绪，促进人们的心理健康。因此，人际交往具有重要的娱乐功能，是人们生活中不可或缺的一部分。

（五）社会功能

人际交往是社会的重要组成部分，人们可以通过交往来维持社会关系，促进社会和谐与稳定。在人际交往中，人们可以建立和维护社会网络，加强彼此之间的联系和互相支持，增强社会凝聚力和归属感。所以说，社会功能是人际交往的一个重要功能之一。

五、高校学生的人际交往

（一）高校学生人际交往的含义

高校学生人际交往是指大学生之间以及大学生与周边的社会人之间的交流和沟通，包括认识性、情绪性、信息性等方面的相互作用的过程。

（二）高校学生人际关系的类型

高校学生人际关系的类型包括以下几种（图 6-4）。

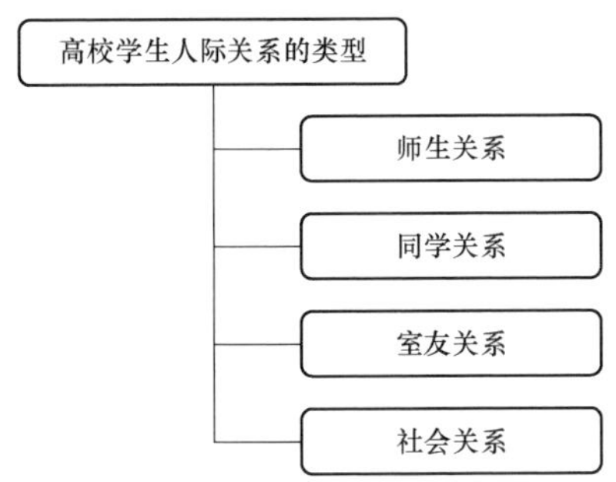

图 6-4　高校学生人际关系的类型

1. 师生关系

师生关系是大学生人际关系中最为重要的一种，也是最容易被大学生自身所忽略的一种。大学生在大学期间会遇到许多老师，与老师建立良好的关系可以让他们获得更多的帮助和指导。同时，老师也可以在大学生的学习、生活和职业规划等方面给予重要的支持和建议。然而，有些大学生往往会忽视与老师之间的关系，错过与老师建立联系的机会，可能会因此失去一些重要的资源和机会。因此，大学生应该重视与老师之间的关系，积极与老师建立联系，寻求老师的帮助和指导，同时也可以通过参加课外活动、加入社团等方式来加深与老师之间的交流和了解。

2. 同学关系

同学关系是大学生人际关系中最为复杂的一种，也是最容易受社会关系影响的一种。大学生在大学期间会遇到许多不同背景、不同性格的同学，之间的关系处理相对较为复杂。同时，大学生的同学关系往往也会受到社会关系的影响，比如家庭背景、地域差异、文化差异等因素可能会导致同学之间的矛盾和隔阂。因此，大学生应该注意尊重他人的不同，多沟通、多交流，尝试理解他人的想法和做法，同时也要保持自己的独立性和自信心，不被他人的观点所左右。此外，大学生也应该注意避免校园暴力、欺凌等现象的发生，积极参与校园文化活动，营造和谐的校园氛围。

3. 室友关系

大学生在大学宿舍中与室友朝夕相处，共同生活、学习，彼此之间的影响非常大。室友之间的关系可以是大学生活中最稳定、最亲密的人际关系之一，但也容易受到个人情感的影响，比如个性差异、生活习惯不同等因素可能会导致室友之间的矛盾和隔阂。因此，大学生应该注重尊重和理解室友，尝试适应各自的生活习惯，同时也要避免过度依赖、自私等不良行为的发生，积极参与宿舍文化建设，营造和谐、温馨的宿舍氛围。

4. 社会关系

社会关系指大学生与他们的父母、师长、亲朋好友等社会人士之间的人际关系，这种关系是大学生人际关系中最为基础的一种，也是最容易受传统观念影响的一种。大学生在大学期间会接触到各种不同社会背景和价值观的人士，与他们建立良好的关系可以让自己获得更多的启发和启示。同时，社会关系也可以为大学生提供许多实质性的支持和帮助，比如就业机会、实习机会、人脉资源等。然而，大学生在处理社会关系时也需要面对各种传统观念的干扰，比如性别的刻板印象、家庭背景的偏见、职业选择的歧视等。因此，大学生应该注重平等、开放、包容的态度，尊重他人的观点和选择，同时也要积极主动地建立自己的社交圈，珍惜与父母、师长、亲朋好友之间的联系，善于从中获得有益的建议和支持。

（三）高校学生人际交往的特点

高校学生人际交往的特点包括以下几点（图 6-5）。

1. 人际交往的迫切性

进入大学以后，学习压力有所减轻，生活上有了更多的自由安排时间，因此他们需要更多的人际交往来满足内心的需求。同时，大学生进入社会后，

也需要通过人际交往来拓展自己的社交圈，积累人脉资源，以便更好地适应社会。因此，人际交往的迫切性是高校学生人际交往的特点之一。

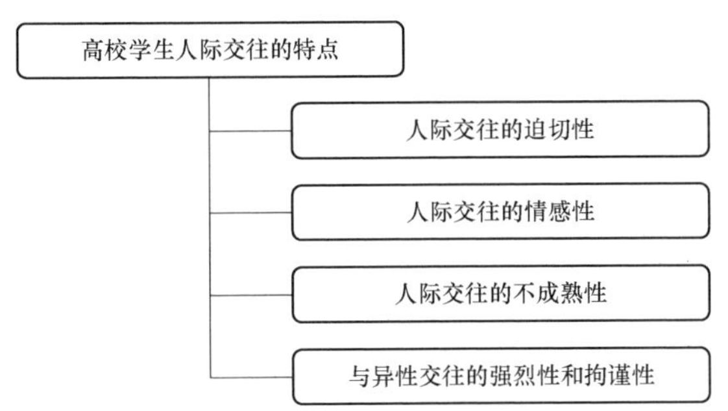

图 6-5　高校学生人际交往的特点

2. 人际交往的情感性

大学生是一个感情丰富、活泼可爱的群体，他们的人际交往受到情感的影响较大。在交往中，他们通常会关注对方的情感表现，重视彼此之间的情感交流和沟通。同时，他们也常常以情感为基础建立人际关系，尤其是与朋友、恋人等亲密关系的交往，更是充满了深厚的情感色彩。因此，情感性是大学生人际交往中不可或缺的特点之一。

3. 人际交往的不成熟性

大学生正处于人生中的成长阶段，他们的认知、情感和行为方式等方面都在不断发展和完善，因此他们的人际交往也需要不断地学习和调整。在这个过程中，可能会出现一些不成熟的表现，如自我中心、缺乏同情心、沟通技巧不足、容易冲动等。此外，大学生的人际关系也可能会受到家庭和社会环境的影响，如家庭背景、文化差异、价值观等，这些因素都可能影响到他们的人际交往成熟度。

4. 与异性交往的强烈性和拘谨性

大学生正处于青春期，他们对异性的兴趣和交往需求比较强烈，同时也存在着一定的交往拘谨。这种强烈性和拘谨性可能会影响到他们的人际交往方式和效果，使他们在对异性的交往中表现出一定的特殊行为和心理状态。比如，在交往中可能存在着犹豫、紧张、羞涩等心理状态，缺乏必要的沟通技巧和交往经验，需要不断学习和提升。

（四）高校学生人际交往的尺度

1. 高校学生的交往广度要适当

高校学生的交往广度要适当，指的是学生要在交往方面有一定的选择性，不要过于追求与太多人建立关系，也不要完全回避与他人的交往。

首先，高校学生应该根据自己的兴趣爱好、个性特点、专业需求等因素，有选择性地与一些人建立深入的交往关系，如室友、同学、导师等，同时也要保持一定的社交范围和人际关系，以便在生活和学习中相互帮助、交流和学习。

其次，高校学生应该避免过度追求与太多人建立关系，否则可能会导致交往过于泛泛，无法建立真正的友谊，也不利于个人成长和发展。

最后，高校学生也要避免完全回避与他人的交往。虽然高校是一个学习的场所，但是也是一个锻炼人际交往能力的重要阶段，通过与他人的交往，可以增长自己的见识、拓宽自己的思路、增强自己的社交能力等。

因此，高校学生的交往广度要适当，不要过于追求数量，而要注重质量，建立起真正有意义的深入交往关系，这对于个人的成长和学习具有重要的意义。

2. 高校学生的交往方向要明确

高校学生的交往方向要明确，指的是学生要清楚自己想要从交往中得到什么，不要盲目跟随他人，也不要迷失自己的方向。

首先，高校学生应该明确自己的交往目的和需求，例如为了拓展人脉、学习知识、寻找共鸣、增长经验等，从而有针对性地选择交往对象和方式。

其次，高校学生应该避免盲目跟随他人，别人交往的行为和态度不一定符合自己的需求和特点，应该根据自己的需求和兴趣来选择交往对象和方式。

最后，高校学生也要避免迷失自己的方向，要时刻牢记自己的目标和需求，在交往中保持自己的原则和价值观，不要轻易改变自己的信仰和观念。

3. 高校学生的交往程度要适度

高校学生的交往程度要适度，指的是学生要把握好与他人交往的尺度和分寸，不要过于亲密或疏远，保持适度的距离和隐私。

首先，高校学生应该根据彼此的性格、兴趣、需求等因素来适度掌握交往的尺度和分寸，建立起适度的亲密关系，不要过于亲密或疏远，以免影响彼此的感情和事业发展。

其次，高校学生应该避免过分依赖或独立，过分依赖他人可能会导致自己失去自主性和独立思考能力，过分独立可能会影响自己与他人的合作和互助。因此，要保持适度的独立性和自主性，同时也要与他人建立起适度的依赖关系。

最后，高校学生也要尊重彼此的隐私和个人空间，保持适度的距离和隐私，不要过度干涉或侵犯他人的个人空间和个人隐私。

（五）高校学生人际交往的意义

高校学生人际交往具有重要意义，概括来说主要包括以下几个方面（图 6-6）。

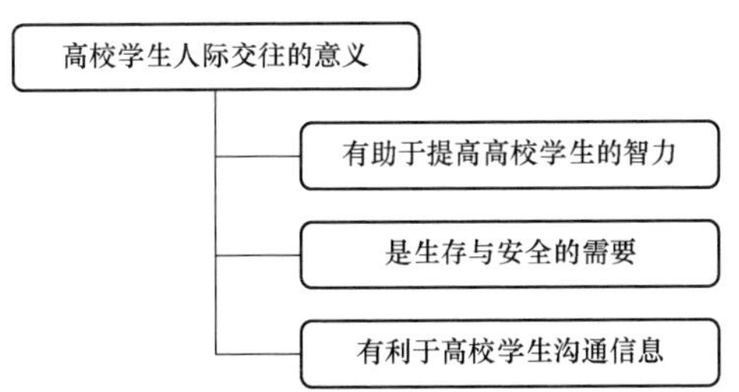

图 6-6　高校学生人际交往的意义

1. 有助于提高高校学生的智力

高校学生人际交往有助于提高高校学生的智力，原因如下。

第一，高校学生人际交往有助于促进知识交流和共享，使学生能够接触到更多的思想和观点，从而丰富自己的知识储备和思维方式。

第二，高校学生人际交往有助于激发学生的学习热情和创造力，通过与他人的互动和交流，学生可以获得更多的启发和灵感，从而更好地发挥自己的潜力。

2. 是生存与安全的需要

高校学生人际交往是生存与安全的需要，原因如下。

第一，高校学生人际交往是生存的需要之一。人类是社交性动物，与他人交往是人类的本能需求之一。高校学生作为人类的一员，也需要与他人进行交往以满足自身的社交需求。

第二，高校学生人际交往是安全的需要之一。在人际交往中，学生可以更好地了解周围的人和环境，获取更多的信息和资源，从而增加对周围世界的掌控感和降低不确定性，使得自身的安全得以保障。

3. 有利于高校学生沟通信息

高校学生人际交往有利于高校学生沟通信息。人际交往是人类社会生活中不可或缺的重要组成部分，是人们之间信息交流、情感沟通、价值共享的重要途径。在高校学生之间的人际交往中，信息交流是非常重要的一环。通过与同伴进行交流，学生可以分享学习心得、获取学习资料、探讨人生经验，还可以交流就业信息、探讨职业规划。这种信息交流有助于学生拓宽视野、开拓思维、汲取经验，促进自身的成长与发展。

第二节　高校学生常见的人际交往问题

一、注重横向交往，忽视纵向交往

“横向交往”和“纵向交往”是社会学中的两个重要概念，用于描述社会中不同层级之间的互动和关系。

“横向交往”通常指的是在同一层级或同一群体中进行的交往，这种交往关系是平等的，没有明显的等级或权力关系，例如：朋友之间的交往、同事之间的交往、邻里之间的交往等。这种交往方式比较注重相互之间的信息交换、资源共享、合作与互助等。

“纵向交往”则指的是在不同层级或不同群体之间进行的交往，这种交往关系存在着明显的等级或权力关系，例如：上下级之间的交往、长辈与晚辈之间的交往、师生之间的交往等。这种交往方式比较注重等级或权力关系，遵循着一定的规则和程序。

在社会学中，“横向交往”和“纵向交往”并不是绝对的，有时候两者之间也会发生交叉和互动。此外，不同的文化和社会背景下，“横向交往”和“纵向交往”的重要性和价值观也可能存在差异。

在大学里，学生们面临着更多的人际关系考验，包括室友、同学、老师、社团等，他们需要平衡好不同人际关系之间的优先级，避免出现偏差。

一方面，大学生需要与同学、老师和社团成员等横向联系，建立良好的合作关系，获得更多的资源和支持。另一方面，他们也需要与长辈、领导等纵向交往，学习更多的知识和经验，提升自己的能力和素质。

然而，一些大学生可能过于注重横向交往，忽略了纵向交往的重要性，导致缺乏深度的人际关系和缺乏有效的指导。这可能会影响他们的职业发展、学术研究和人生成长。因此，大学生应该积极拓展人际关系，在横向和纵向之间保持平衡，从而更好地应对各种挑战和机遇。

二、交往中的哥们义气较重

哥们义气较重也是大学生容易出现的人际交往问题之一。在大学生的人际交往中，哥们义气往往会影响到对人对事的客观评价和判断，可能会导致偏袒、钩心斗角、过度竞争等不良行为的出现。

哥们义气的产生通常是因为个人在团体中为了追求自我认同和安全感而产生的行为。在大学里，学生们加入各种社团、组织、团队等社交圈子，他们可能会过于看重这些圈子中的成员关系，而忽略了个人品德和能力的提升和发展。

哥们义气较重可能会导致以下问题。

第一，影响对人、对事的客观评价和判断。哥们义气可能会导致人们对事情的判断受到情感的影响，对于自己圈子里的朋友做出不公正的评价。

第二，增加人际矛盾。在哥们义气的驱动下，人们会过度强调圈子里的朋友关系，忽略其他人的感受和权利，造成人际矛盾和冲突。

第三，影响个人发展。如果大学生过于看重哥们义气，可能会忽略个人品德和能力的提升和发展。在大学里，学生们需要注重个人的成长和发展，建立良好的人际关系只是成功的一半。

三、交往恐惧

在大学里，学生们面临着更多的人际交往机会，包括课堂讨论、实验小组、社团活动等，然而对于某些学生来说，这些机会反而成为尴尬的挑战。

交往恐惧的表现包括害怕与陌生人交流、回避社交活动、不敢表达自己的观点和想法等。这种恐惧可能会影响大学生的正常学习和生活，让他们感到孤独和不安。

交往恐惧通常是由于内心的不安和自我怀疑所引起的。大学生面临的压力和不确定感也可能会加剧这种恐惧。然而，解决交往恐惧需要采取积极的行动和心态调整，从而提高自信心和人际交往能力。

四、情感因素导致交往障碍

在大学人际交往中，年轻人容易受情感因素影响，比如在一起玩耍、吃饭等表面上的行为很容易影响他们对一个人的看法。同时，他们往往缺乏全面的认识，过于看重某些方面的表现，而忽略了人的综合素质。这样容易导致在人际交往中产生各种障碍，比如偏见、歧视、误解等。

第三节　高校学生人际交往能力的管理策略研究

一、掌握科学的交往艺术

（一）树立良好形象

在初次交往中，第一印象是非常重要的。因此，大学生应该注重自身的形象塑造，以下是一些建议。

1. 良好的精神状态

保持积极、开朗、自信的精神状态，展现出你的青春活力和阳光向上的形象。

2. 合适的服饰搭配

根据不同的场合和环境，选择合适的服饰搭配。大学生应该注重服饰的整洁、得体和协调，不要追求过于华丽或暴露的服饰。

3. 优雅的言谈举止

在交往中，要用优雅、得体、礼貌的语言和举止来表达自己。注意措辞、语气和声调等方面的细节，避免粗俗或不恰当的言行举止。

4. 端正的礼节礼仪

在交往中，要注重礼节礼仪，尊重对方、谦虚有礼，掌握正确的问候、道别、致意等礼仪规范。

（二）要进入角色

角色意识的重要性不仅在于它是交往的前提，还在于它是取得成功的重要因素。不同的角色具有不同的特征和职能，它们有着各自的规范和“演出场合”，不能混为一谈。

在家庭中，不同的角色也有着不同的特征和职能。父亲和母亲是家庭的领导者，他们负责家庭的管理和决策；丈夫和妻子是家庭的配偶角色，他们共同承担家庭的责任和义务；儿女则是家庭中的晚辈角色，他们需要尊重和敬爱长辈，同时也要得到关爱和支持。

在工作单位中，不同的角色也有着不同的特征和职能。经理和厂长是领导者，他们负责组织的决策和管理；工人和职员则是被领导者，他们负责具体的生产和事务操作。每个角色都需要遵守组织的规则和制度，尽自己的职责和义务，共同推动组织的发展和成功。

因此，在交往的过程中，我们需要进入角色，细心地把握角色的变换性，学会角色互换，从对方的角度来审视和评价行为主体的自我。只有这样，我们才能更好地理解别人，更为客观地看待自己行为的得失，从而建立起更加和谐、稳定的人际关系，取得更为成功的人生。

（三）要讲究语言艺术

1. 要学会尊重他人

在与人交往中，大学生应该尊重他人的观点和感受，避免用贬低、指责、嘲讽等语言。如果别人的观点与自己不同，应该尝试理解别人的想法，并尊重别人的选择。

2. 要注重表达得清晰明了

在交流中，大学生应该注重语言的清晰明了和简洁明了。使用简短、直接、易于理解的语言表达自己的观点，避免使用过于复杂或晦涩的词汇和句子。

3. 要注意语气和语调

在与人交往中，大学生应该注重语言的语气和语调。用友好、热情、冷静的语气交流，避免用消极、抱怨、不满的语气。同时，要注意语速和语调的变化，让语言更加生动有趣。

4. 要学会倾听他人

在交往中，倾听他人也非常重要。要耐心倾听他人的观点和感受，尝试理解别人的想法，并与他人建立良好的互动关系。如果对别人的观点不理解或有疑问，应该用礼貌的方式提问，以促进深入的交流和探讨。

（四）要有洒脱的交往风度

在大学期间，大学生需要学习各种知识和技能，以便在未来的工作和生活中能更好地适应和贡献。在这个过程中，洒脱的交往风度对于大学生的学习和人际关系的建立至关重要。

洒脱的交往风度意味着大学生在人际交往中能够自信、开放和包容。首先，要展现自信。自信是吸引人的魅力，也是与人建立良好关系的基石。其次，要保持开放。在大学里，大学生需要与来自不同背景和文化的人建立联系，拓展自己的视野和思维。因此，要保持开放的心态，积极交流和倾听别人的意见和故事。最后，要具备包容。在人际交往中，难免会产生分歧和冲突。在这种情况下，大学生应该具备包容心，理性对待分歧，化解冲突，维护良好的人际关系。

同时，大学生还需要注重洒脱的礼仪风度。礼仪是人际关系中不可或缺的一部分，它可以帮助大学生更好地理解和尊重他人的文化和习惯，避免因文化差异而引起的冲突和误解。此外，大学生还需要注重交往中的诚信和责任感。在与人交往中，要保持诚实和透明，避免欺骗和隐瞒。同时，也要具

备责任感，对自己的言行负责，对他人的权益保持尊重和关注。

总之，大学生应该注重洒脱的交往风度和礼仪风度，培养自己的自信、开放和包容精神，诚信守则和责任感。这样不仅可以更好地学习和成长，还可以建立良好的人际关系，为未来的工作和人生打下坚实的基础。

（五）要有适当的交往尺度

人生交往的适度包括向度、广度、深度和频度。

1. 向度

向度是指交往的范围和领域。在通常情况下，人们应保持相对稳定的交往范围和领域，避免过于多样化或狭窄化。多样化的交往可以拓宽视野、丰富人生经验，但易导致泛泛而交、泛泛而浅；狭窄化的交往可能有助于深入某些领域，但易导致视野狭窄、局限性大。

2. 广度

广度是指交往的对象和人数。人们应保持适当的交往对象和人数，避免过于集中在某些人或过于分散。与众多人交往可以扩大社交圈、获取更多信息和资源，但易导致表面化和浮躁化；与少数人交往可能深入了解、培养感情，但易导致孤独化和封闭性。

3. 深度

深度是指交往的层次和深度。人们应保持一定程度的交往深度，避免过于肤浅化或过于深奥化。浅层次的交往可能带来表面化的信息和资源，但易导致浪费时间和精力；深层次的交往可能获取长期性和关键性的信息和资源，但易导致难以逾越的障碍和局限性。

4. 频度

频度是指交往的时间和频率。人们应保持适当的时间和频率，避免过于频繁化或过于疏离化。高频度的交往可能加强感情联系、加速信息交流，但易导致精力和时间的耗损；低频度的交往可能保持一定距离感、增加神秘感，但易导致长时间间隔和沟通障碍。

综上所述，人们应根据自身情况和交往目标，在向度、广度、深度和频度之间保持适度的平衡，以实现有效、健康和可持续的交往关系。

（六）增强人际吸引力

研究表明，人与人之间的吸引力越大，相互之间越容易形成良好的人际关系。我们可以运用一些技巧来增强自己的吸引力。

1. 显示出诚恳的态度

表现出诚恳的态度可以让人感觉到被重视和尊重，从而增强你的吸引力。

2. 展现出自信

自信的人散发着一种吸引力，让人们想要接近他们。可以通过培养自己的内在自信来增强自信度。

3. 显示出尊重他人的态度

尊重他人的态度可以赢得别人的好感，让你成为一个受欢迎的人。

4. 有着良好的幽默感

能够幽默地看待生活的人会显得更加开朗、乐观和风趣。这会让人感到轻松和舒适。

5. 保持积极的生活态度

积极的生活态度可以让人感到你是一个乐观、有活力的人。这会让人想要和你共事或交往。

6. 维持良好的卫生习惯

良好的卫生习惯可以让你看起来更加整洁和健康，让人感到舒适和愉悦。

7. 培养自己的技能和兴趣

通过培养自己的技能和兴趣，可以让自己更加有魅力和吸引力。

8. 显示出自信的肢体语言

自信的肢体语言可以让人感到你是一个有底气的人，可以增强你的吸引力。

（七）把握对象特点

在人际交往中，把握对象特点是关键之一，因为不同的人有不同的性格、兴趣、价值观和行为方式。以下是一些建议。

第一，要观察对方的外在特征和言行举止。通过观察，可以了解对方的个性、情绪状态、兴趣爱好、职业和家庭背景等信息，从而更好地了解对方

的特点和需求。

第二，要善于倾听和理解对方的观点和想法。通过倾听，可以深入了解对方的思想、价值观、态度和情感，从而更好地与对方产生共鸣和理解。

第三，要注重自我调整和对方调整，以适应不同的交往对象和情境。通过自我调整，可以更好地适应对方的需求和特点，从而更好地建立关系和沟通；通过对方调整，可以更好地适应自己的需求和特点，从而更好地发挥自己的优势和潜力。

二、培养成功交往的心理品质

（一）真诚

真诚是一种非常宝贵的品质，它不仅能够帮助我们建立和维护良好的人际关系，还能够让我们自己感到更加真实、自信和坚定。

真诚的基础在于诚实和透明，即真实地表达自己的想法、感受和需求。在交流中，真诚的人能够倾听他人的意见和感受，并尊重他们的观点。同时，真诚的人也会主动沟通，表达自己的想法和需求，从而建立更加坦诚和开放的关系。

总之，真诚是一种非常宝贵的品质，它不仅能够让我们在人际关系中建立和维护良好的关系，还能够帮助我们逐渐了解自己、提升自己。因此，我们应该努力在日常生活中保持真诚的态度，从而不断向更高的目标迈进。

（二）自信

自信的人通常会给自己积极的心理暗示，认可自己的交往能力和魅力，这种积极的心理暗示有助于增强自信，进一步提升个体的吸引力，从而赢得他人的喜欢和尊重。

自信的建立需要时间和努力，可以从多方面入手。

第一，要自我认知，了解自己的优点和不足，正视自己的缺陷并努力改进。

第二，要积累经验，多参与社交活动和公开演讲等，提高自己的社交能力和表达能力。

（三）信任

信任是人际关系中非常重要的因素。信任建立的前提是对他人抱以信任的态度，这样才能使他人感到受到尊重和信任，从而增强彼此之间的互动和信任。而如果缺乏信任，则会使人际关系变得紧张和不稳定，甚至可能导致关系的破裂。

建立和维护信任需要一定的努力和实践，包括对他人的言行和动机持积极的态度，避免轻易猜疑，避免过分提高自己的心理防线。只有通过逐步的交流和互动，才能逐渐了解他人的想法和需求，从而建立起真诚的信任关系。

（四）幽默

幽默在人际交往中的作用确实非常重要，它能够缓解紧张气氛，让人们放松身心，更容易进行交流和沟通，从而增进彼此之间的感情。同时，幽默还可以激发人们的思考和创造力，提高人们的生活品质和幸福感。

在人际交往中，幽默可以发挥多种作用，以下是一些具体的好处。

1. 幽默可以打破僵局

在面对陌生人或者在场的每个人都比较沉默的时候，适当的幽默可以化解尴尬的局面，带动气氛，让人们产生共鸣和互动。

2. 幽默可以掩盖自己的不足和缺点

有时候我们可能会感到自己表现不佳或者遇到了一些困难，此时运用幽默的话语能够让我们显得更为轻松自如，也能够帮助我们更好地处理问题。

3. 幽默可以调节人际关系

有时候人与人之间会有一些矛盾或者摩擦，恰当的幽默可以化解矛盾，减少摩擦，增进彼此之间的理解和宽容。

4. 幽默可以增强魅力

一个有幽默感的人会显得更加有魅力，能够吸引他人的眼球和心灵，从而更好地展示自己的个性和魅力。

总之，幽默在人际交往中扮演着重要的角色，能够为我们的生活和工作带来很多积极的影响。但需要注意的是，幽默要注意适度，也要避免伤害到他人的感情和尊严，因此需要谨慎使用。

（五）克制

克制能力是在人际交往中非常重要的技能之一，可以帮助我们更好地控制自己的情绪和行为，从而避免不必要的冲突和后果。但是，我们不能一概而论地提倡无条件地克制自己，因为这可能会对我们的身心健康和人际交往产生负面影响。相反，我们应该在维护正义和大众利益的前提下，学会合理地表达自己的观点和情感，同时保持冷静和宽容忍让的态度。

在培养克制能力的过程中，我们还可以通过一些方法来提高自己的情绪管理和自我控制能力。例如，学习冥想、放松技巧、沟通技巧等，这些方法可以帮助我们更好地管理自己的情绪和行为，从而更好地维护正义和大众利益，并避免不必要的冲突和后果。

三、处理好几种主要人际关系

（一）处理好同学关系

大学生要想处理好自己与班级和与同学间的关系，需要做到以下几点。

1. 尝试与他人建立良好的关系

在大学里，与同学建立良好的关系可以帮助你更好地融入班级，并且有助于你在学习和生活中获得更多的支持和帮助。

2. 尊重他人并学会沟通

尊重他人的观点和选择，学会与他人进行有效的沟通，避免误解和不必要的冲突。

3. 积极参与班级活动

积极参加班级活动可以增进同学之间的感情，同时也可以让你更好地了解自己的兴趣爱好和特长，有利于你在班级中发挥更大的作用。

4. 注重自身素质的提升

提高自身素质，不仅可以增加自己在班级中的影响力，还可以让你更好地与同学进行交流和互动，从而增进彼此间的了解和信任。

5. 珍惜同学间的友谊

在大学期间，与同学建立友谊是非常珍贵的财富，它可以让你在未来的工作和生活中获得更多的机会和资源。

（二）处理好师生关系

大学生应该尽力处理好与老师的关系，因为这对于学业成功和未来发展都非常重要。以下是一些建议。

1. 尊重老师

大学生应该尊重老师的学术地位、教学工作和人格尊严，对待老师要诚实守信、礼貌待人。

2. 积极参与课堂

积极参与课堂讨论、提问、完成作业等活动，这不仅可以促进与老师的关系，还可以促进自己的学习效果。

3. 参与学术活动

参加学术活动，如科研课题、竞赛等，可以增加与老师的互动，促进学术上的成长。

4. 尊重老师的学术观点

老师的学术观点不一定与自己相同，但应该尊重老师的学术自由和权威性，不诋毁、攻击老师。

（三）处理好宿舍内部的关系

大学生在宿舍处理好内部关系，可以采取以下几种措施。

1. 建立有效的沟通方式

在宿舍中，每个成员之间的沟通是非常重要的。可以选择定期召开宿舍会议，让大家在会议上提出问题和建议，并共同商讨解决方案。同时，也可以制定宿舍内部的规章制度，让大家共同遵守。

2. 尊重彼此的个人空间和时间

大学生都有自己的学习和生活计划，每个人都有自己的时间和空间需求。在宿舍中，应该尊重彼此的个人空间和时间，不随意打扰和干涉他人。

3. 培养共同的兴趣爱好

在宿舍中，可以培养共同的兴趣爱好，例如一起玩电脑游戏、看电影、学习等。这些共同的兴趣爱好可以增强宿舍成员之间的感情和团队精神。

4. 互相帮助和支持

在宿舍中，应该互相帮助和支持。例如，当有成员遇到学习和生活上的困难时，其他成员应该主动关心和帮助。

5. 建立和谐的宿舍生活氛围

在宿舍中，应该建立和谐的宿舍生活氛围。例如，定期打扫卫生、保持安静、节约水电等。这些措施可以让宿舍成员之间更加和谐相处，共同创造良好的生活环境。

（四）处理好与家长的关系

作为大学生，与家长沟通非常重要。在合适的时间和地点正式地、坦白地告诉父母自己的感受和看法，从而改变他们的行为或者进行探讨去寻找解决问题的途径，是非常重要的技能。以下是一些建议，帮助大学生与家长有效沟通。

1. 确定沟通的目标

在开始与家长沟通之前，请确定您想要达到的目标。这将有助于您集中注意力，确保您不会偏离主题或浪费时间。

2. 选择合适的时间和地点

选择一个合适的时间和地点，确保你们能够不受干扰地交流。避免在家长忙碌或疲惫的时候进行沟通。

3. 表达清晰明了

在与家长沟通时，请尽量清晰明了地表达自己的意见和看法。避免使用含糊不清的措辞，否则可能导致误解和不必要的争执。

4. 倾听和理解

在与家长沟通时，请倾听他们的看法和观点，并尝试理解他们的立场。通过倾听和理解，你将能够更好地理解对方的观点，从而更好地解决问题。

5. 寻求共同点

在与家长沟通时，请尝试找到共同点。例如，你们可能都关心家庭、学业、职业等方面的共同问题。通过找到共同点，你将能够更好地建立联系和共识。

6. 解决问题

在表达自己的看法和倾听理解之后，请尝试寻找解决问题的途径。请提出具体的建议和方案，以便双方都能够达成共识并采取行动。

四、消除先入为主的认知偏差

大学生在进行人际交往时，确实需要消除认知偏差，不能只凭第一印象来认知一个人。

认知偏差是指人们在对他人进行认知时，常常会受到情绪、经验、信仰等因素的影响，而产生偏见或误解。这种认知偏差在人际交往中经常出现，尤其是只凭第一印象来认知一个人时更容易出现。因此，大学生在进行人际交往时，需要从以下方面来消除认知偏差。

第一，保持客观态度。在认知他人时，要保持客观态度，不要受到自己情绪、经验、信仰等因素的影响，也不要对他人抱有过高或过低的期望。

第二，多交流沟通。要了解一个人，需要通过多次交流沟通来了解他的思想、行为、兴趣爱好等方面，不能只凭第一印象就下定论。

第三，善于倾听。在交往中，要善于倾听他人的意见和想法，不要打断或是插话，这样可以更好地理解他人的想法和感受。

第四，学会换位思考。要尽量站在对方的角度思考问题，理解他人的想法和立场，这样可以更好地消除认知偏差。

第五，承认自己的认知偏差。在交往中，如果发现自己存在认知偏差，要勇于承认并纠正，不要固执己见或是坚持错误观点。

五、消除嫉妒感

嫉妒感是一种心理状态，它会导致人们对自己的自卑感、不满感、怨恨感和恐惧感，而这些情感又会进一步破坏人际关系。

在人际交往中，嫉妒心理常常表现为试图打击别人、抬高自己的行

为。例如，当一个人感觉到自己的地位或威信受到威胁时，他可能会试图通过批评别人、夸大自己的成就或能力来维护自己的优越感。这种行为会让被嫉妒的人感到不舒服甚至受伤，而且也会对双方的人际关系造成破坏。

此外，嫉妒心理还可能导致人们对他人的行为和决策产生不必要的影响和干扰，这也会对人际关系造成负面影响。例如，当一个人感觉到自己的朋友或同事与别人更亲近时，他可能会试图插手、干扰或破坏这段关系，以保护自己的“领地”。因此，嫉妒心理确实会破坏人际关系，而且还会影响人们的自我认知、情感平衡和生活质量。大学生可以通过以下几种方法来消除嫉妒感。

（一）承认自己的嫉妒感

首先，要承认自己有嫉妒感，而不是试图否认或逃避它。了解自己的情感并诚实地面对它们，有助于后续采取有效的解决方法。

（二）寻找正向动力

嫉妒感会让人产生无力感和失落感，因此我们可以寻找自己擅长的领域或寻找自己的正向动力，如提升自己的能力、优化自己的学习习惯等。这样可以增加自信心，从而消除嫉妒感。

（三）欣赏他人优点

要学会欣赏他人的优点和成就，并试图将它们作为自己的学习目标。他人的成功并不是自己的失败，学习他人的经验与技巧，可以增加自己的知识和技能，提升自己的竞争力。

（四）增进自己的社交圈

多参加社交活动、加入社团或组织等，可以增加自己的社交圈，消除孤独感和无助感。同时，通过与不同的人交流，可以拓宽自己的视野，增加自己的学习和成长机会。

六、向自卑和羞怯挑战

自卑和羞怯确实来源于心理上的一种消极的自我暗示，大学生可以通过以下方式消除自卑和羞怯。

第一，了解自己的优点和缺点。要克服自卑和羞怯，首先需要了解自己的优点和缺点，并认识到每个人都有自己的闪光点和不足之处，不必过于自卑或羞怯。

第二，培养自信。自信是消除自卑和羞怯的关键，可以通过学习、交流、经验积累等方式来提高自己的自信，相信自己有能力完成挑战并取得成功。

第三，积极自我暗示。积极的自我暗示可以帮助大学生克服自卑和羞怯，如告诉自己“我很优秀”“我可以做到”等，从而提高自己的自信心和勇气。

第四，社交训练。社交训练可以帮助大学生提高自己的社交能力和交流技巧，如多参加社交活动、加入社团或组织等，从而减少自卑和羞怯的情绪。

七、学校方面应重视培养大学生的人际交往能力

学校方面可以通过以下几个方面来培养大学生的人际交往能力。

（一）开设相关课程和讲座

学校可以开设相关课程和讲座，向学生传授人际交往的基本知识和技巧，帮助他们更好地掌握人际交往的技能和知识。

（二）建立学生社团和组织

学校可以鼓励学生建立各种社团和组织，提供平台让学生相互交流和合作，让学生在实践中提升自己的人际交往能力和组织协调能力。

（三）组织实践活动和交流活动

学校可以组织各种实践活动和交流活动，如志愿服务、支教活动、交流

访问等，让学生接触到不同领域、不同文化背景的人，增加他们的社交经验和交际能力。

（四）提供心理咨询和辅导

学校可以提供心理咨询和辅导服务，帮助学生解决人际交往中遇到的心理问题和障碍，提高他们的自我认知和情感管理能力，从而增强他们的人际交往能力和自信心。

（五）加强教师指导和管理

学校可以加强教师对学生在人际交往方面的指导和管理，提供更多的机会让教师和学生进行交流和互动，让学生在教师的引导和帮助下逐步提高自己的人际交往能力。

总之，学校方面应该重视培养大学生的人际交往能力，通过多种途径和方式，为学生提供更多的机会和平台，帮助他们提高自己的人际交往能力和综合素质，为他们的未来发展打下坚实的基础。

第七章
高质量推进高校学生就业管理的策略研究

随着高校的扩招，近些年的高校毕业生人数逐渐增多，大学毕业生面临的就业形势也越来越严峻。及时了解近些年的就业形势，并对此有充足的准备，可以有效帮助大学生顺利就业。

第一节　就业管理的内涵

一、就业的概念

就业可以分为广义的就业和狭义的就业。

广义的就业是指经济活动的参与者以员工或独立经济主体身份从事有报酬的工作。它通常是指一种为社会或家庭之外的第三方从事有报酬劳动的情况，包括全职、兼职、临时和自由职业者等。

狭义的就业则是指与特定雇主签订有正式劳动合同的职位。这种就业形式通常是指全职雇员所从事的工作，但也包括兼职、临时工和自由职业者等签订的正式合同。

需要注意的是，狭义的就业和广义的就业之间存在一定的重叠，但后者包括更广泛的经济发展和收入来源。

二、就业的类型

根据不同的标准，可以将就业分为不同的类型。以下是一些常见的划分方式。

（一）根据地域划分

根据地域划分，可以将就业分为以下几种类型。

1. 农村就业

指在农村地区从事的劳动，如农民、农村商人等。

2. 城市就业

指在城市地区从事的劳动，如城市工人、商人、服务业从业者等。

（二）根据行业划分

根据行业划分，可以将就业分为以下几种类型。

1. 制造业就业

指在制造业领域从事的劳动，如工人、工程师等。

2. 金融业就业

指在金融领域从事的劳动，如银行职员、投资经理等。

3. 教育行业就业

指在学校或其他教育机构中从事的教育相关工作，如教师、教育管理人员等。

（三）根据工作性质划分

根据工作性质划分，可以将就业分为以下几种类型。

1. 正式就业

指在正规企业中从事的正式工作，如全职员工、合同工等。

2. 临时就业

指在非正规企业中从事的临时工作，如兼职员工、季节工人等。

3. 自由职业

指个人独立从事的工作，如自由撰稿人、艺术家等。

（四）根据技能水平划分

根据技能水平划分，可以将就业分为以下几种类型。

1. 高技能就业

指需要高级技能和专业知识的工作，如高级工程师、高级医生等。

2. 低技能就业

指需要低技能和简单操作的工作，如保安、清洁工等。

3. 中技能就业

指需要一定技能和培训的工作，如机械师、电子工程师等。

（五）根据工作时间划分

根据工作时间划分，可以将就业分为以下几种类型。

1. 全职就业

指每周工作达到规定标准的工作，如每周工作 40 小时。

2. 兼职就业

指每周工作不超过规定标准的工作，如每周工作 20 小时。

3. 灵活就业

指按任务或按小时计费的工作，如快递员、网约车司机等。

以上仅为就业类型的部分例子，实际上就业类型的划分因标准而异。了解不同类型就业的特点和优劣势，有助于更好地理解就业市场的变化和劳动力发展的趋势。

三、就业的指标

就业的指标包括就业人口、就业率、失业率、就业结构（图 7-1）。

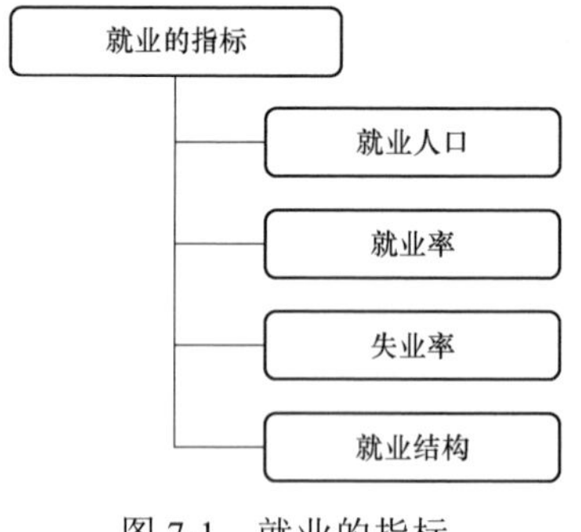

图 7-1　就业的指标

（一）就业人口

就业人口指在某个地区工作的人，通常用于衡量该地区的劳动人口规模和劳动力参与率。

就业人口是一个地区的劳动人口中从事某种工作或职业的人数，也就是在调查期内在各种经济单位（包括农业、工业、建筑业、交通运输、邮电业、批发零售贸易餐饮业、服务业、其他行业）中，于一定时间内实际上已从业的人数。就业人口一般用万人或万人来计量，没有季节性。

（二）就业率

就业率指就业人口与劳动力人口之比，用于衡量就业人口的比重。

就业率一般用百分比来表示，是反映劳动力就业程度的指标。通常所说的就业率，一般指城镇就业率，具体计算公式如下：

就业率 =（就业人口/劳动年龄人口）× 100%

其中，劳动年龄人口指法定劳动年龄人口，一般指 16 周岁及以上的人口。城镇就业率反映了一个国家或地区经济发展和改革初期的人力资源配置状况。

（三）失业率

失业率指失业人口与劳动力人口之比，用于衡量失业人口的比重。

失业人口指劳动年龄内有意工作并正在寻找工作的人。这一数字也是衡量一个国家或地区劳动力参与程度的一个指标。失业率一般用百分比来表示。失业率的具体计算公式如下：

失业率 =（失业人口/劳动年龄人口）× 100%

失业率可以反映一个国家或地区的劳动力资源利用程度，以及经济增长对该国或地区居民就业的贡献程度。失业率是一个反指标，失业率越低，表示劳动力市场越供不应求，失业状况越严重。

（四）就业结构

就业结构指各行业的就业人数或就业比例，用于衡量就业人口在不同行业的分布情况。

就业结构分部门就业结构和行业就业结构两种，它们都是研究劳动力资源的分布和利用情况的重要指标。

1. 部门就业结构

部门就业结构指在国民经济的各个部门中配置的劳动力数量比例关系。

2. 行业就业结构

行业就业结构指某一行业内部劳动力数量与其他行业之间的劳动力数量比例关系。

就业结构的调查和研究通常采用问卷调查法和综合指标法等方式进行。通过调查和分析就业结构的变化趋势，可以制定出合理的就业政策，优化资源配置，促进经济发展。

这些指标可以帮助我们了解一个地区的就业状况，从而制定相应的政策来促进就业的发展。例如，政府可以通过创造更多的就业机会、鼓励创业、提高职业培训质量等方式来促进就业增长，提高就业率和失业率的指标表现，从而改善民生，推动经济发展。

四、就业的主要影响因素

就业的主要影响因素主要包括社会因素、高校因素、个人因素和家庭背景因素等（图 7-2）。

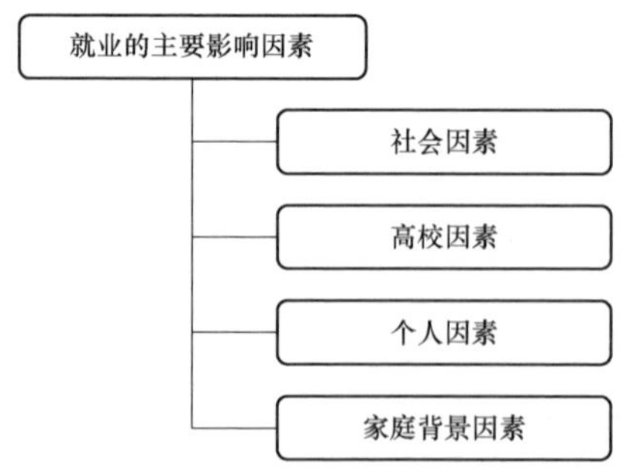

图 7-2　就业的主要影响因素

（一）社会因素

社会因素是指经济结构调整、企业数量、经济增长速度以及就业机会等

情况。这些因素会直接影响就业市场的供需关系，从而影响就业机会和就业形势。

（二）高校因素

高校因素包括高校扩招、专业设置、毕业生素质和就业指导等。这些因素都会影响毕业生的就业情况和企业招聘的选择。具体来说，高校扩招和专业的设置会影响毕业生的数量和就业市场的供需关系，从而影响就业机会和就业形势。毕业生素质则会直接影响企业招聘的选择，是否具备相关专业知识和技能、是否适应企业需求和文化等因素都会影响毕业生的就业情况。就业指导包括高校提供的职业规划、求职技巧和应聘能力等方面的指导和培训，这些因素可以帮助毕业生提高就业竞争力，增加就业机会。

（三）个人因素

个人因素主要是指就业观念、就业意愿、自身素质、求职技巧和应聘能力等。这些因素对就业的影响也非常重要。就业观念是指个人对职业的选择和认知，包括对职业规划、工作内容、薪资待遇等方面的期望，这些因素会影响个人的就业选择和就业形势的把握。就业意愿是指个人对职业的追求和向往，包括对行业、企业、职位等方面的选择和要求，这些因素会影响个人的就业意愿和就业机会的把握。自身素质包括个人的知识、技能、经验等方面的积累和能力，这些因素会影响个人在就业市场的竞争力和就业机会的选择。求职技巧和应聘能力包括个人的求职策略、应聘准备、表达能力等方面的能力和技巧，这些因素会影响个人在求职过程中的表现和就业机会的获取。

（四）家庭背景因素

家庭背景因素也是影响就业的重要因素之一，包括家庭社会关系、家庭经济状况、家庭教育程度和家庭地理位置等。具体来说，家庭社会关系是指家庭成员的社交网络和人际关系，这些因素可以影响毕业生求职时能够接触到的企业和招聘机会。家庭经济状况则会影响毕业生的求职意愿和就业选择，如是否选择就业而是继续深造等。家庭教育程度也会影响毕业生的就业观念、职业规划和求职意识等方面。家庭地理位置则会涉及地区就业市场和就业机会的问题，对于一些地区的毕业生来说，就业可能会面临一定的困难和挑战。

除此之外，还包括一些其他因素，如性别歧视、等级证书限制、考研与就业的选择等，这些因素也会影响就业机会和就业形势。

总之，就业是一个复杂的过程，需要全面考虑各种因素的影响。对于求职者来说，需要了解和分析就业形势和市场需求，提高自身素质和能力，积极探索就业机会，把握就业机遇。

五、大学生的就业现状

大学生目前的就业现状可以从多个方面进行详细阐述（图 7-3）。

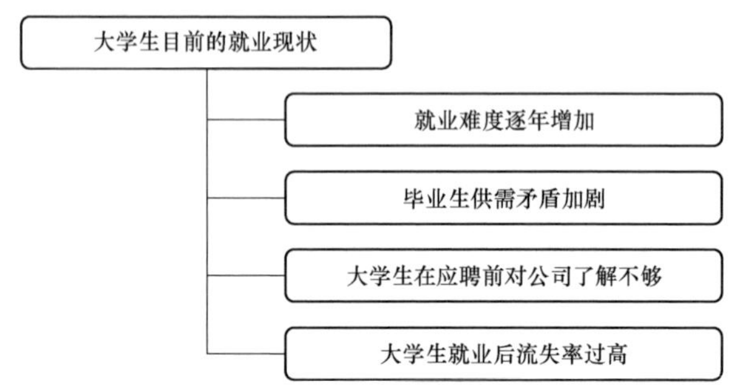

图 7-3　大学生目前的就业现状

（一）就业难度逐年增加

就业难度逐年增加是当前大学生就业面临的一个普遍问题。随着高校毕业生数量不断增加，就业市场供大于求，导致就业难度增大。在一些热门领域如互联网、金融等，竞争更加激烈，即使是在冷门领域，应聘人数仍然较多。

（二）毕业生供需矛盾加剧

毕业生供需矛盾加剧是当前大学生就业面临的主要问题之一。市场供过于求，导致就业模式转变与就业市场不完善间的矛盾成为主要原因之一。随着高校毕业生数量不断增加，就业市场供大于求，导致就业难度增大。在一些热门领域如互联网、金融等，竞争更加激烈，即使是在冷门领域，应聘人

数仍然较多。

此外，毕业生供需矛盾加剧也与人才培养和质量有关。一些高校在人才培养上存在不足，导致毕业生缺乏实践经验和职业技能，难以符合市场需求。同时，市场需求也在不断变化，但高校专业设置和教学内容却未能及时跟上，导致毕业生在某些领域的知识和技能过时，不能满足企业用工要求。

（三）大学生在应聘前对公司了解不够

大学生在应聘前对公司了解不够也成为应聘中的一大难题。很多大学生并不了解自己想要进入的公司发展前景、用人制度、企业文化、人际关系等，只有模糊的概念，甚至根本没有目标。这导致公司在招聘过程中很难找到合适的人才，而大学生也很难找到适合自己的工作。

（四）大学生就业后流失率过高

大学生就业后流失率过高也是当前大学生就业面临的问题之一。大学生稳定性、忠诚度和职业化程度不高，成为部分企业拒绝大学毕业生的理由。许多大学生缺乏职业规划和发展方向，没有将自身发展与公司发展联系起来，导致跳槽频繁，流失率较高。

六、大学生就业的方式

大学生就业的方式主要有以下几种。

（一）留校任教

留校任教虽说是一个不错的选择，但机会难得。一般情况下需要为硕士研究生，同时满足为在校期间优异、优秀班团干部或者学生会干部等条件才能申请。

（二）参加校园招聘

校园分为春季校园招聘和秋季校园招聘，常参加校园招聘的有大型国企、银行等。春季校园招聘时间为 3 月、4 月发布公告，秋季校园招聘集中在 10

月、11 月发布公告。考生需要在指定时间提交报名信息，通过笔试、面试等环节取得录用资格。

（三）参加公务员考试

公务员考试划分为统考和单独考。每年有一次统考，时间在 11 月的第四个周末；单独考试招考按国家有权部门的要求安排。

（四）参加事业单位考试

事业单位考试又称事业编制考试，这项工作由各用人单位的人事部门委托省级和地级市的人事厅局所属人事考试中心（事业单位，考试中心命题和组织报名、考试并交用人单位成绩名单，部分单位自行命题组织实施）。

（五）参加选调生选拔

选调生是组织部门有计划地从高等院校选调品学兼优的应届大学本科以上毕业生的简称，这些毕业生将直接进入地方基层党政部门工作，作为党政领导干部后备人选和县级以上党政机关高素质的工作人员人选进行重点培养。

（六）参加银行、国企等招聘

各大银行、国内大型企业、国外大型公司等确实会进行招聘，以招聘具有相应能力和经验的人才，来满足公司发展的需要。此外，像中铁、中建等各类中国企业也会进行海外招聘，以满足海外拓展业务的需求。海外招聘不仅可以吸引更多的优秀人才，而且还能为公司带来新的思想、经验和技术，促进公司的发展。

（七）创业

创业既可以满足年轻人的自我实现需求，也可以创造就业机会，因此政府鼓励大学生创业。大学生具有较高的知识和技能水平，具有创造力和创新精神，他们有潜力成为未来的企业家和雇主，同时也可以通过创业来促进经济的发展和就业机会的创造。因此，政府会采取一系列措施来鼓励大学生创

业，包括提供创业培训、启动资金和政策优惠等。这样可以帮助大学生更好地发掘自身的潜力，创造更多的就业机会和经济价值，也可以推动产业结构的升级和经济发展的活力。

总之，大学生的就业方式多种多样，大学生可以根据自己的兴趣和能力选择适合自己的职业发展方向。在选择职业时，需要考虑自己的优势和劣势，结合市场需求和未来发展趋势做出明智的决策。

七、大学生就业的心理准备

大学生就业的心理准备可以从以下几个方面入手。

（一）调整心态，正确认识就业现实

大学生毕业后，既有优势，也有不足。优势是大学生有较高的专业知识水平和管理能力、较高的学历和综合素质，不足是缺乏经验和对社会的了解。因此，大学生应该正确认识就业现实，既要看到自己的优势，也要正视自己的不足，给自己一个合理的定位，以一个正确的心态走向社会，探求知识、增长才干、丰富阅历，在竞争中凭借自己的实力找到适合的工作。

（二）增强信心，积极面对就业挑战

大学生应该从基本面出发，坚信“天生我材必有用”，抛弃消极情绪，强调积极态度，变“要我做”为“我要做”，尽快地适应角色的转变，以乐观的心态和坚强的信心主动地面对就业挑战和竞争。

（三）明确目标，量身定制求职计划

大学生应该根据自身的兴趣、特点、专业及现实状况制订一个量体裁衣、科学合理的求职计划，开展多种形式的求职活动，未雨绸缪，有目的、有计划、有步骤地筛选信息、捕捉机会、储备能量、走好人生的关键一步。

（四）提升自我，充分准备求职材料

大学生在撰写求职信和简历时，应该真实反映自己的情况，凸显自己的优势，体现自己的特长；注意扬长避短，展示“人无我有、人有我优”的特

质；同时还要凸显自己具有承受挫折的能力；此外，必要的面试技巧也是不可忽视的。

（五）拓宽渠道，培养健康择业观念

大学生应该树立“先生存、后发展；先就业、后择业；先生存、后创业”的观念；明白“条条大路通罗马”的道理，根据就业形势和信息调整自己的就业期望值，实现多渠道就业。

（六）坚定意志，培养良好的心理素质

大学生应该培养坚定意志和良好的心理素质，以平常心去面对就业过程中的种种困难和挫折，以积极的心态去体验生活、接受挑战，以进取的精神去选择适合自己的人生之路。

（七）增强自我保护意识，合理利用协议

大学生应该学习择业技巧和求职防骗知识，学会辨析招聘单位的真假，谨防上当受骗，同时还要学会合理利用就业协议来保护自己的权益。

第二节　高校学生就业管理的原则与意义

一、大学生就业管理的原则

大学生就业管理应遵循以下三个原则（图 7-4）。

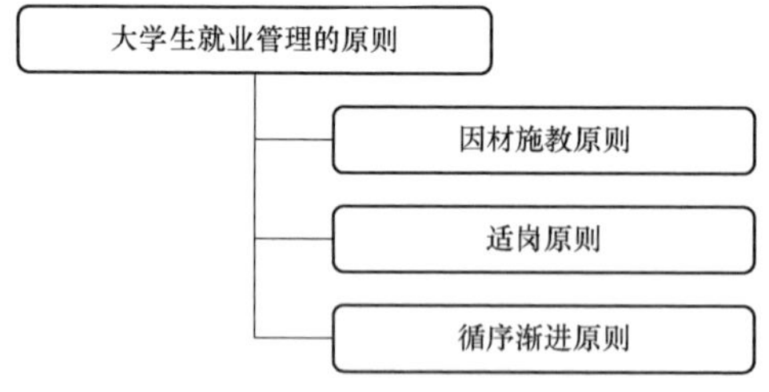

图 7-4　大学生就业管理的原则

（一）因材施教原则

大学生就业管理的因材施教原则指的是根据毕业生的个体差异和特点，提供不同的职业规划和就业指导，充分发挥毕业生的优势和特长，帮助他们实现职业目标的原则。在实践中，因材施教原则包括以下措施。

1. 开展个性化的职业规划和就业指导

学校应针对毕业生的不同特点和个人需求，提供个性化的职业规划和就业指导服务。例如，通过职业测评、个性化咨询、求职意向调查等方式，帮助毕业生制定符合个人特点和兴趣的职业规划，并提供相应的就业指导。

2. 提供多样化的就业信息和资源

学校应收集、整理和发布各种就业信息，提供多样化的就业资源和机会，以满足毕业生不同的求职需求。如提供实习、兼职、志愿服务等短期就业机会，以及毕业后的人才招聘信息平台。

3. 多元化的就业服务和支持

学校应提供多元化的就业服务和支持，包括求职技巧、面试技巧、职场规则等方面的指导，以及各种就业服务，如简历制作、面试安排、职业培训等。此外，还可以开展毕业生之间的经验交流和分享活动，帮助毕业生了解职场动态和就业趋势，提高他们的职业发展意识和竞争力。

总之，大学生就业管理的因材施教原则要求学校根据毕业生的个体差异和特点，提供不同的职业规划和就业指导，充分发挥毕业生的优势和特长，帮助他们实现职业目标。这样可以提高毕业生的就业满意度和职业发展潜力，实现个人价值和全面发展。

（二）适岗原则

大学生就业管理的适岗原则指的是根据毕业生的专业、技能、兴趣和求职意向，推荐适合的岗位或企业，确保毕业生能够发挥所长，快速适应工作环境，取得更好的职业发展的原则。在实践中，适岗原则包括以下措施。

1. 建立毕业生求职信息库

学校应收集、整理和更新毕业生的求职信息，包括专业、技能、兴趣、求职意向等，建立毕业生求职信息库。

2. 分析毕业生求职意向和技能

学校应对毕业生的求职意向和技能进行分析，了解毕业生的优势和特长，以及适合他们的岗位和企业类型。

3. 推荐适合的岗位或企业

学校应结合毕业生的专业、技能、兴趣和求职意向，推荐适合的岗位或企业，确保毕业生能够发挥所长，快速适应工作环境，取得更好的职业发展。

4. 提供面试和入职支持

学校应为毕业生提供面试和入职支持，包括面试技巧、职场规则、工作环境等方面的指导，以及面试和入职的服务支持，帮助毕业生顺利实现职业转换。

（三）循序渐进原则

大学生就业管理的循序渐进原则指的是大学生就业管理应循序渐进，从职业规划、就业信息到就业指导和就业推荐，逐步深入，帮助毕业生逐步提高职业发展意识和就业竞争力的原则。在实践中，循序渐进原则包括以下措施。

1. 开展职业规划教育

学校应在大一、大二时期开展职业规划教育，帮助毕业生了解自己的专业和职业方向，开展职业规划的基础工作。

2. 提供就业信息

学校应收集、整理和发布各种就业信息，及时提供给毕业生，帮助他们了解市场需求和就业形势，提高职业发展意识。

3. 加强就业指导和辅导

学校应在大三、大四时期加强就业指导和辅导，提供面试技巧、职场规则等方面的指导，提高毕业生的就业竞争力。

4. 开展就业推荐

学校应在大四时期开展就业推荐，向企业推荐毕业生，提供就业机会和服务支持，帮助毕业生实现顺利就业。

二、大学生就业管理的意义

大学生就业管理的意义非常深远，从不同的角度可以分为以下几个方面（图 7-5）。

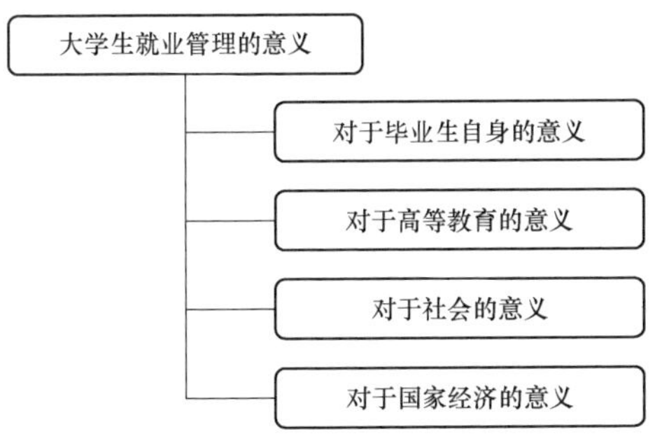

图 7-5 大学生就业管理的意义

（一）对于毕业生自身的意义

大学生就业管理可以帮助毕业生更好地实现自我价值。毕业生可以通过就业管理，更加清晰地了解自己的职业兴趣和能力，进而选择适合自己的职业方向，更好地实现自己的职业发展。同时，大学生就业管理还可以提高毕业生的就业竞争力，使其更加了解市场需求和就业形势，掌握求职技巧和面试规则，从而更容易找到适合自己的工作岗位。

（二）对于高等教育的意义

大学生就业管理是高等教育的重要组成部分，是高等教育可持续发展的重要保障。通过大学生就业管理，高校可以及时了解市场需求和就业形势，从而更好地调整专业设置、课程内容和人才培养模式等。同时，大学生就业管理还可以推动高校人才培养模式的改革和创新，使高校更好地适应社会发展的需要。

（三）对于社会的意义

大学生就业管理对于社会的稳定和发展具有重要的意义。通过大学生就业管理，可以使得毕业生更加顺利地实现就业和职业发展，从而减少社会的不稳定因素。同时，大学生就业管理还可以促进社会的发展，使社会更加充满活力和创新力。

（四）对于国家经济的意义

大学生就业管理对于国家经济的意义在于以下几个方面。

第一，大学生是国家宝贵的人才资源，是实现经济持续健康发展的重要力量。做好大学生就业工作，能够促进人力资源的优化配置，提高全要素生产率，为经济发展提供有力的人才支持。

第二，大学生就业问题关系到千家万户的切身利益，关系到社会的和谐稳定。做好大学生就业工作，能够改善民生，提高人民群众的获得感、幸福感和安全感，促进社会和谐稳定。

第三，大学生到基层工作，有利于提高基层组织建设水平，加快消除城乡差别和区域差别，促进我国经济社会协调发展。当前，我国城乡之间、地区基层之间人才分布格局不平衡，广大基层特别是西部地区、艰苦偏远地区和艰苦行业以及广大农村人才匮乏，已经成为制约当地经济社会发展的重要因素。引导和鼓励高校毕业生到基层工作，有利于改善基层人才队伍结构，推动基层经济社会发展。

第四，做好大学生就业工作，有利于刺激消费需求，促进发展投资，进一步促进经济的增长。大学生是具有较高文化素质和消费意愿的群体，他们对于消费品的种类、质量和售后服务等方面都有较高的要求。如果能够做好大学生就业工作，提高大学生的购买力，将有助于刺激消费需求，促进发展投资，进一步促进经济的增长。

综上所述，大学生就业管理具有重要的意义，可以使得毕业生更好地实现自我价值，提高高等教育的可持续发展水平，促进社会的稳定和发展，推动国家经济和社会的快速发展。因此，高校和社会应该加强大学生就业管理，采取有效的措施提高毕业生的就业率和就业质量。

第三节　高校学生就业管理的策略研究

一、高校学生择业常见的错误观念

高校学生择业常见的错误观念主要有以下几种。

（一）非大公司大企业不做

许多高校毕业生都有一种“大公司综合征”，认为大公司福利待遇好、平台高，有保障，职业发展前景广阔，例如很多毕业生偏向于华为、腾讯这些大公司，但大公司招聘门槛高，竞争非常激烈，并且大公司人才济济，员工之间的交流少，相处存在隔阂以及工作方面的局限性。尽管如此，毕业生们仍对此情有独钟。

（二）非光鲜亮丽的职业不做

许多高校毕业生在择业时，认为职业越光鲜亮丽越好，如选择做金融、咨询、互联网等热门行业，或是在高大上的写字楼里工作，认为这样的职业才有前途和钱途。然而，这些热门行业需要长时间的积累和实践，竞争也非常激烈，并且行业周期也存在不确定性，行业发展与个人职业发展不一定匹配。

（三）自我意向的偏差

毕业生对自己的职业定位不准，不能客观评价自己，过于自信或过于自卑，对职业期望值过高或过低，只考虑当前利益，不能从长远角度考虑职业发展。这样就造成就业难，难就业的局面。

（四）毕业生择业的不稳定性和多变性

毕业生择业的不稳定性和多变性一方面对自身的就业不利，择业左顾右盼，坐失良机；另一方面对用人单位不利，反反复复，随意违约，延误用人单位挑选人才的时机。

（五）创业想法过于简单，设定创业目标不够务实

只想到赚钱后的喜悦，而没有考虑过程中会遇到的各种问题。毕业生创业率低，创业成功率低，要考虑创业的可行性，例如是否有足够的资金、人脉、市场前景等。

综上所述，高校毕业生在择业时应该摒弃这些错误的观念，要结合自身实际情况制定职业规划，明确职业目标，注重个人发展，提高自身综合素质能力。同时要对社会就业形势和行业发展趋势有清醒的认识，优先选择适合自己的职业，并为未来的职业发展打好基础。

二、高校学生就业中常见的心理矛盾

高校学生就业中常见的心理矛盾主要有以下几种。

（一）理想与现实的矛盾

在就业时，许多高校学生往往抱着较高的理想期望，对社会职业的认知比较模糊，对自身的职业定位不够准确，导致就业难度增加。

（二）择业与就业的矛盾

在就业时，许多高校学生既想选择与专业相关的工作，又想选择稳定的工作，比如公务员、事业单位等，但这些工作竞争激烈，门槛较高，导致学生容易出现心理矛盾。

（三）自我价值与薪资的矛盾

在就业时，许多高校学生过分看重薪资，而不关心职业本身的价值和发展前景，导致就业不稳定性和多变性的增加。

（四）就业与创业的矛盾

在就业时，许多高校学生既想选择就业，又想尝试创业，但由于对创业行业的前景和可行性缺乏深入的分析，导致创业成功率较低，出现心理落差。

（五）就业与考研、考公的矛盾

在就业时，许多高校学生既想选择就业，又想通过考研、考公提升自身竞争力，但由于这些考试的竞争也非常激烈，考生压力较大，导致心理矛盾。

（六）就业与情感的矛盾

在就业时，有些高校学生受到了情感的影响，比如家人、朋友、恋人等，容易在职业选择上受到干扰，导致就业决策不够理性。

三、高校学生常见的就业心理问题

高校学生常见的就业心理问题主要包括以下几种。

（一）焦虑心理

就业过程本身就面临着很多不确定性和压力，而对于不少大学生来说，就业决策也意味着他们即将迈出人生的重要一步，进入新的阶段，这也会带来一定的焦虑和压力。以下是一些可能导致大学生焦虑心理的因素。

1. 就业期望值过高

许多大学生渴望高薪、高地位的工作，追求高薪、稳定、体面的工作，忽略了自身的兴趣和职业规划，导致就业后的不适应和失落。

2. 缺乏自我认知

许多大学生在就业时过分关注专业对口，而忽略了自身的兴趣和职业规划，导致就业后的不适应和失落感。

3. 落差心理

许多大学生由于缺乏对就业市场的实际了解，对就业前景过分乐观，对工作条件和待遇要求过高，导致就业选择局限和不得当，由此产生焦虑心理。

（二）功利心理

功利心理是大学生常见的就业心理问题之一，主要体现在追求功名利禄、物质利益等方面。这种心理问题可能会使大学生在就业过程中迷失方向，陷入错误的决策，从而影响其职业发展和人生规划。以下是一些可能导致大学生功利心理的因素。

1. 社会价值观的变化

随着社会经济的发展，人们越来越重视物质利益和功利观念，这种变化也在大学生就业观念中有所体现。不少大学生倾向于选择高薪、稳定、地位高的工作，而忽略了自身的兴趣和职业规划。

2. 对就业市场的实际了解不足

许多大学生对就业市场的实际情况了解不足，对职业前景和薪资状况过分乐观，往往抱着“我能做到”的态度，而忽略了自身的实际情况和价值观。

3. 缺乏正确的职业规划

不少大学生缺乏正确的职业规划，没有明确的人生目标和职业发展方向，往往根据功利观念来选择职业，而不是根据自己的兴趣和优势。

4. 媒体宣传的影响

媒体对成功人士的宣传往往是其功利成果的宣传，如财富、地位、名声等，这种宣传也会对大学生的就业观念产生一定的影响。

（三）攀比心理

许多学生在就业时喜欢与他人比较，认为“只有过得比别人好才是成功”，追求高薪、稳定、体面的工作，忽略了自身的实际情况和价值观。这种心理状态被称为“攀比心理”。攀比心理容易导致不满足自身现状，缺乏对自身价值和成功的认同感，从而引发就业难题和职业发展的滞缓。

（四）妄自菲薄心理

许多学生由于缺乏自信，对自己的能力和潜力过分低估，导致就业过程中的迷茫和失误。这种情况在就业过程中是常见的心理问题，这种心理通常表现为自我怀疑、缺乏勇气、过度谦虚等，从而影响学生在就业过程中的表现和决策。

（五）愤怒急躁心理

许多学生在就业过程中遇到实际问题时，缺乏解决问题的能力和心理素质，情绪波动大，容易愤怒和急躁，导致就业后的不适应和压力。这种情况在就业过程中是常见的心理问题，这种心理通常表现为缺乏应对突发事件的能力、难以适应环境变化、容易情绪化等，从而影响学生在就业过程中的表现和决策。

（六）眼高手低心理

许多学生在就业时对自己能力和前景过分乐观，对工作条件和待遇要求过高，导致就业选择局限和不得当。这种情况在就业过程中是常见的心理问题，这种心理通常表现为对就业市场和自身能力的实际了解不足，对工作条件和待遇要求过高，从而导致就业选择局限和不得当。

四、高校学生常见就业问题的管理策略

（一）树立正确的就业观念

随着大学毕业生人数的逐年增多，大学生就业中的竞争越来越强。许多大学生对市场残酷的一面认识不足，对就业市场的客观了解不够。在这样的情况下，高校学生要勇敢地承认和接受当前所面临的现实，彻底打破以往的美好想象，一切从实际出发，脚踏实地地寻求解决问题的好方法，同时正确理解当前的政策，才能准确地把握改革为我们带来的机遇，才能为建立良好的择业心态打下基础。

就业市场化、自主择业、创业给大学生带来了机遇与实惠，与其成天怨天尤人，浪费了时间、影响了心情，还不如树立正确的就业观念，辩证地看待就业市场。一方面，随着社会主义市场经济的推进，社会越来越尊重知识，尊重人才，社会将尽可能地为大学生求职择业提供较好的环境，这将为大学生施展自己的才能提供广阔的天地，从而有利于自身的发展与成才。另一方面，我国生产力还比较落后，社会为大学生提供的工作岗位不可能使人人满意。同时，供需形势也不平衡，边远地区、艰苦行业、基层和生产第一线急

需人才。此外，我国的毕业生就业市场还不规范，还需进一步完善。

总体来说，正确的就业观念对于大学生来说非常重要。大学生应该勇敢地承认和接受当前所面临的现实，一切从实际出发，脚踏实地地寻求解决问题的好方法，同时正确理解当前的政策。只有这样，才能准确地把握改革为我们带来的机遇，才能为建立良好的择业心态打下基础。

（二）要认识到就业是以学业为基础的

大学生应认识到学业是就业的基础，其原因包括以下几个方面。

1. 优秀的学业能够提高就业竞争力

学生在学校里通过努力学习来掌握一定的知识和技能，这些知识和技能可以增加学生的竞争力，使其更容易找到一份理想的工作。

2. 学业能够为就业提供更多的机会

学校的课程和专业的设置能够为学生提供更多的职业选择和发展机会，让学生在未来的职业生涯中更加丰富多彩。

3. 就业本身也是一种学业

学生在就业中通过实践来学习和掌握更多的知识和技能，进一步完善自我，更好地适应社会和职场的需求。

因此，我们应该珍惜在学校里的时光，努力学习和锻炼自己的能力，为未来的职业生涯打下坚实的基础。

（三）客观分析自己

通过客观分析，高校学生可以更好地了解自己的长处和不足之处，从而更好地了解自己适合做什么工作。这样可以在就业时更有目的性，提高就业的成功率。

（四）降低就业期望值

降低就业期望值是高校毕业生在就业过程中必须考虑的一个因素。由于各种原因，高校毕业生的就业形势比较严峻，就业市场竞争激烈，毕业生在就业过程中需要调整自己的期望值，以适应市场的实际情况。

降低就业期望值并不意味着放弃自己的理想和追求。毕业生可以选择先在一些起点低、基础的工作岗位上积累经验，不断提升自己的能力和素质，为日后的职业发展打下基础。

在调整就业期望值的过程中，毕业生需要注意以下几点。

1. 了解行业和岗位的市场价格

毕业生需要了解不同行业和岗位的市场价格，了解行业和岗位的薪资水平、福利待遇、晋升空间等。这可以帮助毕业生更好地了解就业市场的实际情况，为调整自己的期望值提供参考。

2. 把握就业机会

毕业生需要及时掌握各种就业信息，了解用人单位的要求和招聘流程，积极参与招聘活动，把握就业机会。

3. 增强自己的实践能力

实践能力是毕业生在职场中站稳脚跟的关键。毕业生需要在校期间积极参加实践活动，积累实践经验，提升自己的实际操作能力。

4. 培养良好的心态

就业过程中，毕业生需要培养良好的心态，树立正确的就业观念，保持积极向上的心态，不要轻易放弃，坚持自己的理想和追求。

（五）制定职业生涯规划

职业生涯规划是指个人在全面认识自己的兴趣、能力、爱好、职业前景等因素的基础上，为实现自己的职业目标而制定的计划和策略。高校学生通过制定职业生涯规划，可以更好地明确职业发展方向和目标，有助于提高就业竞争力，增加就业机会。制定职业生涯规划的具体步骤如下。

1. 自我评估

高校学生要全面认识自己的兴趣、能力、爱好、价值观等因素，可以采用职业测评等方式进行。

2. 就业环境分析

高校学生要了解就业市场的形势、行业发展趋势、用人单位的要求等，从而更好地了解市场需求。

3. 职业目标设定

根据自我评估和就业环境分析的结果，高校学生可以制定明确的职业目标，包括职业生涯发展方向、职业等级、工作地点等。

4. 制定职业生涯策略

根据职业目标，高校学生可以制定具体的职业生涯策略，包括教育、培训、实践等方式，不断提升自己的能力和素质。

5. 实施和评估

制定职业生涯规划后，高校学生需要积极实施，定期进行评估和调整，根据职业环境和自身条件的变化，及时调整职业生涯策略。

（六）正确对待挫折

在就业过程中，高校学生可能会遇到各种挫折和困难，例如求职失败、薪资待遇不满意、就业信息不足等。如何正确对待这些挫折，以及采取有效的应对措施，对于实现就业目标非常重要。具体来说，高校学生可以采取以下措施来正确对待挫折。

1. 接受挫折

高校学生在就业过程中遇到挫折和困难是常见的现象，要学会接受这些挫折，不要轻易放弃，要坚定信心，保持积极向上的心态。

2. 分析原因

对于遇到的挫折和困难，高校学生应该认真分析原因，了解问题的症结所在，从而有针对性地采取应对措施。

3. 制定对策

高校学生应该根据挫折的原因，制定相应的对策，例如提高自身能力、扩大求职渠道、加强求职技巧等。

4. 积极行动

高校学生应该采取积极的行动，不断努力学习和实践，积累经验和素质，增加自己的就业竞争力。

5. 调整心态

在面对挫折时，高校学生要及时调整心态，树立正确的就业观念和心态，不要过分悲观和失落，要坚信自己的能力和未来的发展前景。

（七）自信乐观

大学生在择业过程中遇到困难、挫折或委屈是常见的情况，面对这些情况，大学生一定要自信乐观。

首先，要保持自信乐观的心态，相信自己已经做好了充分的准备，要相信自己的能力，同时也应该认识到择业是一个双向选择，要尊重用人单位的决定。

其次，要面对现实，充满信心，保持良好的心态。要认识到自己的表现、学习成绩已成定局，但是自己的能力和潜力则是无限的。应该把心思放在如何发挥自己的优势、如何展示自己的能力上，要积极寻找机会，争取得到用人单位的认可。

同时，要力戒自傲、虚荣心理，摒弃嫉妒、攀比做法，克服依赖、自卑情绪，大胆接受社会挑战。要避免盲目跟从别人的选择，也不要过分追求名利和地位。要明确自己的职业规划和职业目标，选择适合自己的职业方向。

如果遇到了就业挫折，要重新认识自我、认识社会，并主动调整自我适应社会的过程。要认真分析自己的优势和不足，寻找自身的短板并加以改进，同时也要了解用人单位的需求和市场的变化趋势，做出相应的调整和适应。

最后，要重视自己的兴趣和爱好，同时也要考虑职业的前景和发展空间。选择一份适合自己的职业不仅需要考虑自身的条件和需求，同时也需要关注行业的发展趋势和变化。只有在不断调整和适应中，才能够实现自我价值的最大化，走向成功的职业生涯。

（八）完善人格

人格缺陷确实会在个人的择业过程中带来一些问题，同时也可能在其他的生活领域中产生负面影响。因此，努力完善自己的人格是相当重要的。

在择业过程中，一些常见的人格缺陷可能会导致心理问题，例如过度依赖他人、自傲、自卑、缺乏耐心、缺乏自律性等等。这些问题可能会影响个人的职业规划和决策能力，使得难以适应职业发展的变化和挑战。为了解决这些问题，高校学生可以采取以下措施：

1. 自我反思

认真思考自己在择业过程中的行为和想法，发现自身的人格缺陷，特别是一些不利于自己职业发展的因素。

2. 学习心理学知识

阅读相关的心理学的书籍、参加心理学课程等，了解自己和他人的人格特质，提高自己的人际交往能力和自我认知能力。

3. 积极寻求帮助

向身边的亲朋好友、同学或者专业的心理咨询师寻求帮助，借助他人的视角和经验，更好地认识自己的人格缺陷，并得到针对性的建议和帮助。

4. 改变自己的态度和行为

根据自己的实际情况，制定合理的目标和计划，积极改变自己的不良心态和行为，逐步建立健康、积极的人格特质。

（九）懂得分析，学会选择

认同感、自豪感和使命感是人们成就动机中的三种重要情感，它们都可以通过人们的价值观来实现。当你的职业选择符合自己的价值观时，就意味着你对自己的人生和事业有着清晰的认识和规划，知道自己要走的路和要达成的目标，因此会更容易获得认同感、自豪感和使命感。这些情感的激发将有助于人们在事业中保持热情和毅力，从而更容易取得成功。

此外，价值观还可以影响人们的人际关系和工作态度。如果一个人选择符合自己价值观的职业，他会更容易对这个职业产生兴趣和热情，从而更容易与同事、上司和客户建立良好的关系。同时，由于对自己的职业有着清晰的认识和规划，他会更愿意学习和成长，更有可能在事业中取得成功。

因此，选择符合自己价值观的职业是非常重要的。当你在择业时，除了考虑自身的优势和不足外，还应该深入思考自己的价值观，看看是否与所选择的职业相符。如果不相符，即使这个职业看起来再好，也不一定是最好的

选择。只有选择符合自己价值观的职业，才能更好地实现自己的梦想和目标，从而在事业中获得更大的成功。

（十）调整择业心态

高校学生在择业时出现一些不健康的心态是正常的。但是，如果这些不健康的心态影响到日常生活和职业规划，就需要采取措施加以调适。

心理学家通过理论探讨和实践检验，创立了许多自我心理调适的方法，包括以下几种。

1. 自我静思法

大学生可以选择一个安静的环境，闭上眼睛，深呼吸，让自己进入一个平静、放松的状态，然后思考自己的内心感受和想法，找出自己的情绪和思维误区，并加以调整。

2. 自我激励法

大学生可以给自己设定一些具体的职业目标，用积极的语言激励自己，提高自信心和自我效能感。

3. 情感疏导法

大学生可以选择与朋友、家人或心理医生交流，倾诉自己的情感和困惑，释放内心的压力，获得理解和支持。

4. 行为调整法

大学生可以通过参加一些有益的职业培训、社会实践或志愿服务活动，调整自己的行为和思维方式，增强自我认知和适应能力。

五、高校学生应充分了解创业的相关知识

创业是指创业者运用一定的方法、资源和技能，将创意、创新、创造力等转化为具有经济价值和社会效益的产品、服务或者事业的过程。创业过程中需要具备创新精神、创业意识、创造性思维和创造能力等方面的素质和能力。

（一）创业的特点

创业具有显著的特点，主要包括以下几个（图 7-6）。

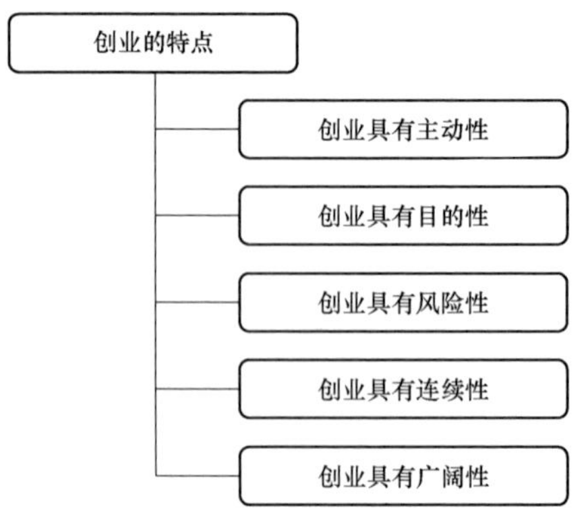

图 7-6　创业的特点

1. 主动性

与一般就业不同，创业者一般都是主动地选择自己合适的行业和项目进行创业，具有很强的主动性和自主性。

2. 目的性

创业具有目的性。个人创业的目的各不相同，有的是为了生存，有的是为了财富，有的是为了实现个人的价值，而有的人创业是为了追求自己的梦想。企业创业的目的一般都是为了获取利润，使企业能够持续发展下去。

3. 风险性

创业过程中存在各种风险，如市场风险、竞争风险、技术风险等，因此创业具有一定的风险性。创业者在创业过程中需要具备一定的风险意识和风险管理能力，以降低创业风险。

4. 连续性

创业者在创业过程中可能会遇到失败，但创业精神和创业意识是创业者最可贵的品质，因此创业者会不断地尝试、不断地学习，从而实现自我超越和自我提升。创业活动本身就是一个持续的过程，需要不断地试验、学习、调整和优化，从而实现持续的发展。因此，创业者需要具备强烈的创业精神和创业意识，保持对创业的热情和动力，不断地探索和尝试，从而实现创业的连续发展。

5. 广阔性

创业的主体、类型、行业等没有限制，可以是个人、家庭、企业等

各种主体，也可以是不同的行业和领域。创业的项目、行业、主体以及目标都有着不确定性，每一个人的创业理想不同，因此创业的广阔性也是很大的。

（二）创业的意义

创业的意义主要包括以下几方面（图 7-7）。

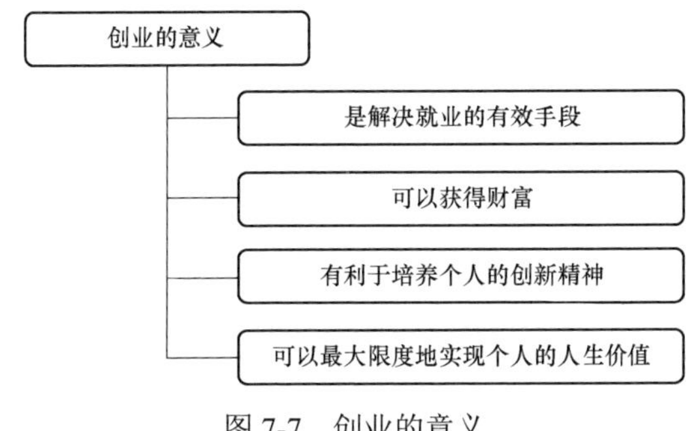

图 7-7　创业的意义

1. 是解决就业的有效手段

创业活动有利于解决就业问题，促进劳动力灵活就业，增加居民收入，提高对生活的满意度，同时还能缩小城乡差距，促进经济发展。

2. 可以获得财富

创业确实可以获得财富，但是创业的过程并不一定是直接获得财富的过程。创业的过程可能会伴随着各种挑战和风险，创业者需要具备一定的创业精神和创业意识，同时需要具备良好的风险管理能力和市场洞察力，才能在创业过程中获得成功。因此，创业并不是一条直接通往财富的道路，而是需要经过不断的努力和付出，才能获得成功和财富。

3. 有利于培养个人的创新精神

创新是一个民族的灵魂，是一个国家兴旺发达的不竭动力。而创新精神则是创新活动的重要动力，它可以激发个人的创造力，推动他们不断地探索新的领域、开发新的技术、创造新的商业模式等。在创业过程中，创业者需要面对各种挑战和机遇，需要不断地创新思维、尝试新的方法和策略，从而不断地推动自己和企业的发展。因此，创业有助于个人养成创新精神，不断地提高自己的综合素质和综合能力，为实现个人的人生价值打下坚实的基础。

4. 可以最大限度地实现个人的人生价值

创业可以最大限度地实现个人的人生价值，这是因为创业过程中需要付出很多努力和汗水，同时也需要不断地学习和尝试，克服各种困难和挑战，才能实现个人的创业梦想。在创业过程中，创业者可以发挥自己的创造力、创新精神和实践能力，为社会创造更多的价值，从而实现个人的人生价值。同时，创业也可以让创业者更好地实现自我价值，获得更多的成就感和满足感，从而提高个人的幸福感和生活品质。总之，创业是一种可以让人充分发挥自己潜力和实现个人价值的活动，是实现个人人生价值的重要途径之一。

（三）创业的准备

创业的准备主要包括知识准备、能力准备和心理准备三个方面（图 7-8）。

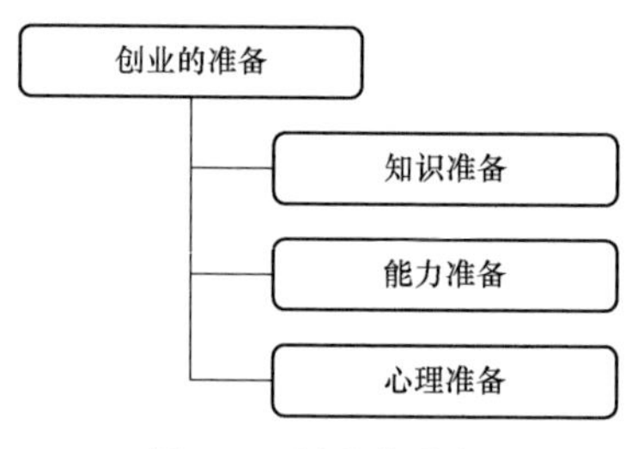

图 7-8　创业的准备

1. 知识准备

创业者应具备的知识包括以下几个方面。

（1）专业知识

创业者需要做好专业知识的准备，以便在创业过程中更好地掌握各种知识和技能，从而更好地把握市场机会，提高创业成功率。

（2）人文基础知识

人文知识的学习和积累对于创业者来说十分重要。创业者需要具备创新思维和实践能力，同时还需要具备强烈的事业心、责任感和团队合作精神。人文知识的学习和积累可以帮助创业者更好地理解这些方面的素质要求。

（3）合法的开业知识

第一，了解有关私营及合伙企业、有限公司的法律法规。创业者需要了解私营企业的法律法规，如《中华人民共和国私营企业暂行条例》《中华人民共和国合伙企业法》等，以便知道自己的企业属于哪种类型，并在经营过程中遵守相关的法律法规。

第二，了解怎样进行验资。创业者在设立企业时，需要进行验资，以确保企业的资本充足。创业者需要了解验资的程序和要求，以便在进行验资时不出现问题。

第三，了解怎样申请开业登记。创业者需要了解开业登记的程序和要求，如何办理营业执照等相关文件，以便在进行开业登记时不出现问题。

第四，了解哪些行业不允许私营。对于一些特定的行业，如金融、电信、烟草等，私营企业是不允许的。创业者需要了解这些行业的相关法律法规，以便在选择经营项目时避免违法经营。

第五，了解税务登记程序。创业者需要了解企业在设立后需要进行的税务登记，包括纳税人识别号的申请、纳税申报等程序，以便在经营过程中依法纳税。

（4）税收知识

第一，了解增值税法。增值税是创业者需要缴纳的另一种主要税种。创业者需要了解增值税的计算方法、税率等相关知识，以便在经营活动中正确申报纳税，避免因为税务问题导致的经营风险。

第二，了解企业所得税法。企业所得税是创业者需要重点关注的税种之一。创业者需要了解企业所得税的计算方法、税率等相关知识，以便在企业经营活动中合理规划收入和支出，减少应缴纳的企业所得税。

第三，了解个人所得税法。个人所得税是创业者需要重点关注的另一个税种。创业者需要了解个人所得税的计算方法、税率等相关知识，以便在企业经营活动中合理规划员工薪酬和个人所得，减少应缴纳的个人所得税。

第四，掌握税务申报技巧。创业者需要了解企业所得税、增值税等税种的申报流程和要求，以便在规定的时间内及时申报纳税，避免因为申报不及时导致的税务问题和罚款。

（5）法律知识

第一，了解公司法相关知识。创业者需要了解公司法的相关规定，如公司的设立、注册、运营、监管等方面的知识。这有助于创业者建立规范的公司结构和运营模式，保护自身权益。

第二，了解劳动法相关知识。创业者需要了解劳动法的相关规定，如劳动合同的签订、终止和解除等，以及劳动者的权利和义务。这有助于创业者规范用人行为，避免劳动纠纷的发生。

第三，了解税法相关知识。创业者需要了解税法的相关规定，如增值税、企业所得税等税种的相关知识。这有助于创业者合理规划企业的财务和经营活动，避免因为税务问题导致的经营风险。

第四，了解合同法相关知识。创业者需要了解合同法的相关规定，如合同的订立、履行、变更、解除等方面的知识。这有助于创业者规范合同行为，避免合同纠纷的发生。

第五，了解知识产权法相关知识。创业者需要了解知识产权法的相关规定，如专利、商标等知识产权的相关知识。这有助于创业者保护自己的知识产权，避免因为知识产权问题导致的经营风险。

（6）管理知识

第一，了解企业战略管理。创业者需要了解企业战略管理的相关知识，如战略规划、执行和评估等方面的知识。这有助于创业者制定明智的战略，引领企业在市场中取得成功。

第二，了解市场营销管理。创业者需要了解市场营销管理的相关知识，如市场调研、产品定位、广告宣传和销售渠道等方面的知识。这有助于创业者制定有效的市场营销策略，扩大企业的影响力和市场份额。

第三，了解财务管理。创业者需要了解财务管理的相关知识，如财务报表分析、成本控制、资金筹措和投资决策等方面的知识。这有助于创业者掌握企业的财务状况，提高企业的财务效益。

第四，了解人力资源管理。创业者需要了解人力资源管理的相关知识，如招聘、培训、绩效考核和薪酬福利等方面的知识。这有助于创业者建立高效的人力资源管理体系，激励员工，提高企业的员工素质。

（7）营销知识

第一，了解市场营销基础知识。创业者需要了解市场营销的基础知识，如市场调研、消费者行为分析、品牌建设和促销策略等方面的知识。这有助于创业者制定有针对性的营销策略，提高企业的知名度和市场份额。

第二，了解客户关系管理。创业者需要了解客户关系管理的相关知识，如客户服务、满意度管理和客户关系维护等方面的知识。这有助于创业者维护好客户关系，提高客户满意度和忠诚度，促进企业的长期发展。

第三，掌握网络营销技巧。创业者可以掌握一些网络营销技巧，如社交媒体营销、电子邮件营销和搜索引擎优化等，以便更好地推广企业的产品和服务，吸引更多的客户。

第四，学习市场竞争分析。创业者需要学习市场竞争分析的相关知识，如竞争对手分析、市场份额占有率分析和产品定位分析等方面的知识。这有助于创业者了解市场竞争环境，调整经营策略，提高企业的竞争力。

（8）资本和财务知识

第一，了解财务报表。创业者需要了解企业的财务报表，如资产负债表、利润表、现金流量表等，以便了解企业的财务状况和经营成果。同时，创业者也需要关注财务报表的真实性和准确性，以避免因财务数据错误导致的经营风险。

第二，学习财务管理技能。创业者需要学习一些财务管理技能，如制定财务预算、控制成本、优化资产结构等，以便提高企业的财务效益和价值。

第三，关注投资风险。创业者需要关注投资风险，制定风险管理策略，如投资组合、风险分散和风险控制等。这有助于创业者降低投资风险，提高投资回报率。

2. 能力准备

大学生创业应具备的能力包括以下几个方面。

（1）协调能力

第一，沟通协调能力。具备良好的沟通和协调能力，能够与企业内部的各个部门、外部的合作伙伴和客户建立良好的合作关系，推动企业的发展。

第二，团队协作能力。创业过程中，需要组建一个高效的团队来完成各项任务。因此，大学生创业者需要具备团队协作能力，以便带领团队完成目标。

第三，应变能力。面对市场的变化和企业的发展，需要具备灵活的应变能力，及时调整企业的发展方向和策略。

（2）用人的能力

创业者需要具备恰到好处的用人能力，只有能做到人尽其才，才能让企业获得更大的发展。

（3）判断能力

判断力是管理和决策的基础。在创业过程中，判断力是必不可少的，因为复杂多变的环境需要创业者有良好的判断力来把握事物发展的主流。

创业过程中的收益和风险总是并存的。在创业过程中，创业者需要对风险做出判断，并根据自己的风险偏好做出决策。如果没有判断力，创业者就无法做出明智的决策，也就无法规避风险，使企业获得成功。

（4）获取资源的能力

创业者需要合理利用有限的资源来创业。虽然资源条件是创业能力的重要构成部分，但企业资源是有限的，创业者需要根据实际情况合理规划和利用有限的资源，才能实现创业成功。

创业者在创业初期可能会缺乏一些资源，但这并不意味着他们不能创业。相反，他们可以通过整合并利用现有的资源来创业。创业者可以利用自己的经验、技能、人脉等有限的资源来开展创业活动，寻找市场机会，并不断完善自己的创业能力。

因此，创业者需要具备灵活运用资源的能力，善于发现并利用市场机会，不断提高自己的创业能力和竞争力，才能在激烈的市场竞争中获得成功。

（5）经营管理能力

创业者应具备经营管理能力，这是成功创业的重要条件之一。经营管理能力包括多个方面，如经营战略制定与实施、市场营销、人员管理、财务管理等。成功的创业者不仅需要有开拓创新的精神和勇气，还需要具备经营管理能力，才能够有效地领导企业发展，实现创业成功。

（6）领导决策能力

创业活动中的每个阶段都需要创业者进行决策。创业项目的选择需要考虑多方面因素，如市场前景、竞争环境、自身优势等；企业产品的定位需要考虑目标受众、产品特点、市场定位等；企业的发展战略需要考虑市场拓展、产品研发、资金运营等；企业的商业模式需要考虑产品销售、客户服务、市场推广等；盈利模式需要考虑产品定价、成本控制、销售渠道等。

（7）人际交往能力

良好的人际交往能力是创业者必备的能力之一，它可以帮助创业者建立广泛的人脉关系，获取各种有价值的信息，提高决策效率，促进企业的发展。

（8）合作能力

创业者不仅需要与自己的合作者、雇员合作，还需要与各种与企业发展有关的机构合作，如投资者、政府机构、行业协会等。此外，创业者还需要与同行业的竞争者合作，以获取更多的市场机会和资源。因此，创业者需要具备良好的合作意识和能力，善于与他人合作，共同实现企业的发展目标。

3. 心理准备

创业者应具备的心理准备主要包括以下几个方面。

（1）独立与合作的创业观念

独立与合作的创业观念是指创业者应该具备的心理品质和行为特征，既要有独立思考、自主行为的能力，又要能够与他人合作，共同实现创业目标。

（2）敢为与克制的创业精神

创业者需要具备敢为与克制两种创业精神。创业者需要在创业过程中，既敢为又善于克制，既要有胆量，又要有头脑，把握好创业的节奏和方向，实现创业目标。

（3）良好的适应性

适应性是创业者成功的关键因素之一。创业者需要不断调整自己的心态和行为，适应市场的变化和环境的变化，保持竞争优势。

（四）创业机会的识别

创业机会是指具有较强吸引力的、较为持久的有利于创业的商业机会，创业者据此可以为客户提供有价值的产品或服务，并同时使创业者自身获益。

创业机会的识别方法有很多种，以下是几种常见的方法（图 7-9）。

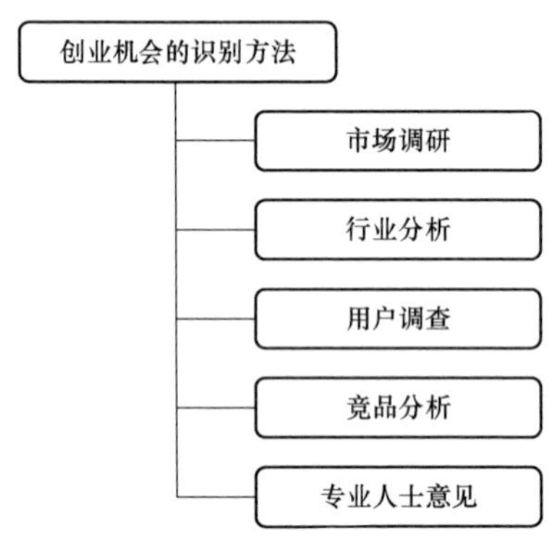

图 7-9　创业机会的识别方法

1. 市场调研

创业者可以通过市场调研来了解当前市场的需求和趋势，观察消费者的行为和反应，寻找市场中存在的痛点或需要解决的问题，从而发现潜在的创业机会。

2. 行业分析

创业者可以通过对所在行业的发展趋势、市场规模、竞争程度等方面进行分析，来判断当前市场中存在的机会和潜在的威胁，从而发现适合自己的创业机会。

3. 用户调查

创业者可以通过用户调查来了解他们的需求和偏好，从而发现市场中存在的空白点，为自己的产品或服务创造出新的市场。

4. 竞品分析

创业者可以通过对同行业竞品的分析，来发现它们的不足之处，从而找到自己的差异化定位，发现市场中的机会。

5. 专业人士意见

创业者可以寻求专业人士的意见，如投资人、产业专家、行业协会等，来了解当前市场中存在的机会和威胁，从而做出更明智的决策。

（五）创业团队的组建与管理

创业团队是为进行创业而形成的集体。它使各成员联合起来，在行为上形成彼此影响的交互作用、在心理上意识到其他成员的存在及彼此相互归属的感受和工作精神。

1. 优秀创业团队组建的要点

组建优秀创业团队的要点包括以下几点（图 7-10）。

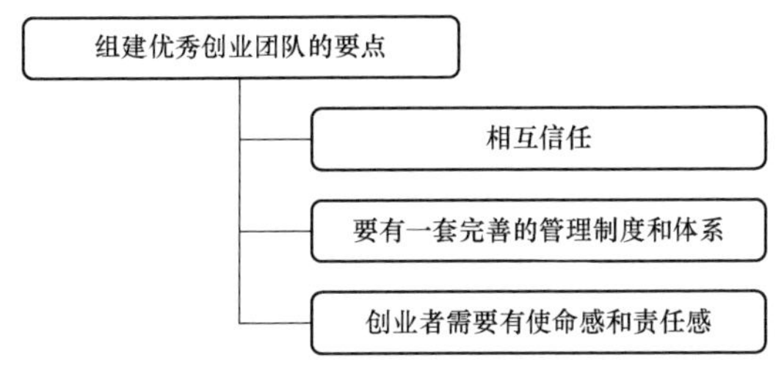

图 7-10　组建优秀创业团队的要点

（1）相互信任

信任是建立在相互理解和尊重基础上的，而不是基于表面上的相似或共同点。大学生创业团队需要建立在相互信任的基础上，而不是基于表面上的相似或共同点。创业团队需要在合作过程中不断地交流和沟通，建立相互理解和尊重的基础，这样才能建立起真正的合作关系。

在创业团队建立之初，要把最基本的责、权、利说得明白透彻，尤其是股权、利益分配等。这样可以避免在企业发展壮大后出现的矛盾和分歧。同时，创业团队成员也需要明确自己的职责和权利，遵守团队的规则和制度，这样才能保证团队的稳定和发展。

（2）要有一套完善的管理制度和体系

创业团队必须要有一套完善的管理制度和体系，包括团队的组织架构、建立连接、体制和体系建设、人才发展和文化建设等方面。这些制度和体系可以帮助创业团队更好地组织和管理团队成员，提高团队的效率和效益，推动创业团队的发展和成功。其中，团队的组织架构包括创业团队的管理层级、部门和岗位设置等，明确各个成员的职责和分工，确保创业团队的高效运转。建立连接包括建立有效的沟通机制，包括会议、邮件、即时通信等方式，确保创业团队成员之间能够及时沟通和交流，避免信息不畅和混乱。体制和体系建设包括建立完善的财务、人事、营销等方面的制度和体系，规范创业团队的管理和运营，确保创业团队的稳定和发展。人才发展和文化建设包括制定人才发展规划，培养和引进优秀的人才，建立积极向上的文化氛围，激发团队成员的创造力和创新精神。

（3）创业者需要有使命感和责任感

创业者需要有强烈的使命感和责任感，这是推动创业团队前进的动力和源泉。创业者需要有远大的目标和梦想，明确创业的意义和价值，坚定不移地朝着目标前进。同时，创业者也需要有强烈的责任感，对自己、对团队、对客户、对社会负责，承担起应有的责任和义务，为实现创业目标而不懈努力。

使命感和责任感是创业者的精神支柱，可以激发创业者的内在动力和创造力，让他们在创业道路上走得更加坚定和自信。创业者需要具备高度的自我认知和自我驱动力，不断追求创新和进步，不断超越自己，为创业团队的成功和发展贡献自己的力量。

2. 创业团队组建的步骤

组建创业团队是创业成功的关键之一，下面是组建创业团队的步骤（图 7-11）。

（1）制定创业策略和目标

创业者需要明确创业的目标和愿景，制定创业策略和计划，包括创业方向、市场调研、竞争分析、商业模式设计等方面。这些步骤是创业成功的关键步骤，可以帮助创业者更好地了解市场和消费者需求，制定适合的商业模式和策略，从而更好地推动创业项目的发展。

（2）招募合伙人

创始合伙人是创业团队的核心成员，他们将共同致力于创业项目的发展，制定创业策略和计划，并领导团队推动项目的实施。

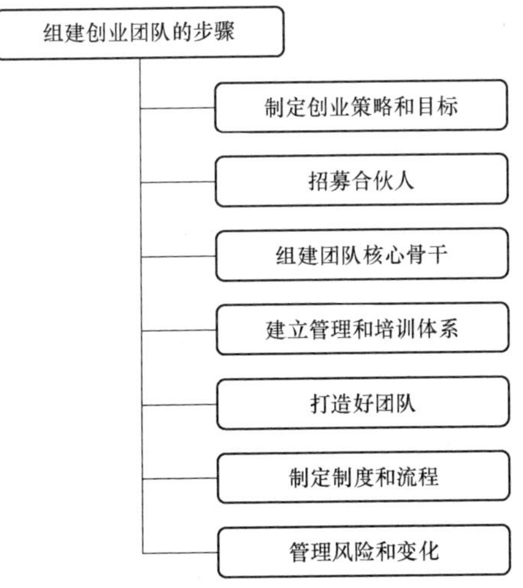

图 7-11　组建创业团队的步骤

（3）组建团队核心骨干

创业者需要以创业策略和目标为基础，招募团队核心骨干，包括技术、市场、运营、财务等方面的人才。创始合伙人和核心骨干成员将共同制定创业策略和计划，并领导团队推动项目的实施。

（4）建立管理和培训体系

创业者需要建立完善的管理和培训体系，对团队成员进行岗位培训和职业培训，提高团队的整体素质和能力。

（5）打造好团队

创业者需要逐步建立完善团队的制度、流程、标准、机制、文化等，打造出一支具有高度凝聚力和执行力的创业团队。

（6）制定制度和流程

创业者需要制定完善的制度和流程，规范团队的管理和运营，确保创业团队的稳定和发展。

（7）管理风险和变化

创业团队面临着各种风险和变化，创业者需要具备应对风险和变化的能力，及时调整和应对团队面临的挑战和变化。

3. 创业团队的管理

创业团队管理的技巧主要包括以下几种（图 7-12）。

图 7-12 创业团队管理的技巧

（1）全局视野

团队中每个人都应该明确自己在团队中的角色和责任，并且要积极参与团队的决策和规划过程。每个人都应该了解整个团队的目标、设计思路和预期目标，并且积极参与到团队的协作中，以实现整个团队的目标。同时，每个人也应该承担自己所负责的部分，并且要保证自己的工作质量和效率，以确保整个团队的成功。

（2）凝聚人心

创业团队的成功不仅仅是团队中每个成员个人的成功，它还包括团队的整体利益和成功。团队成员需要意识到自己的个人利益是建立在团队成功的基础上的，而不是相反。只有当整个团队都能够成功，每个成员才能获得自己的个人利益。因此，团队成员需要齐心协力，共同努力，以确保整个团队的成功。

（3）立足长远

创业是一个充满挑战和机遇的过程，团队成员需要具备坚韧不拔的毅力和决心，不断努力和奋斗，以克服各种困难和挑战，最终实现企业的长远目标。同时，团队成员需要不断学习和适应市场变化，不断创新和改进，以适应竞争环境和用户需求的变化。最后，团队成员需要注重团队合作和沟通，以保持团队的凝聚力和士气，共同推动企业的发展和壮大。

（4）公平分配

对关键员工的奖励以及团队的股本分配设计应该与一段时期内团队成员的贡献、业绩和成果挂钩，以确保公平、公正。具体来说，应该根据团队成员在过去的一段时间内的贡献和成果，包括完成的任务、创造的价值、带来的利润等等，来计算他们的奖励或者分配股份。此外，还应该确保每个成员都有平等的机会获得奖励或者分配股份，以避免任何一个人因为贡献不足或者其他原因而被排除在外。同时，应该建立一套完善的奖励和分配机制，以确保奖励和分配的公正性和透明度，并且能够持续地激励团队成员的积极性和创造性。

（5）合理授权

合理授权可以让每个成员充分展现自己的能力和潜力，能够促进个人职业的发展，也可以为团队的发展提供更多的可能性。

合理授权可以提高团队的效率和生产力，因为授权可以减轻领导者的负担，可以让领导者将更多的精力放到更为重要的工作上，从而提高团队的工作效率和生产力。

（6）团队培训与学习

团队培训和学习是提高团队凝聚力和战斗力的重要途径之一。通过团队培训和学习，团队成员可以更好地了解团队的目标和愿景，增强团队协作和沟通能力，提高工作效率和质量，从而更好地实现团队的目标。

在团队培训和学习中，团队领导者应该明确团队的目标和愿景，确定需要改进的地方和方向，并为团队成员提供清晰的学习和成长路线。同时，团队领导者还应该为团队成员提供足够的资源和支持，确保团队成员能够充分参与和体验培训和学习的过程，从而获得更多的收益。

团队培训和学习的方式有很多种，包括户外拓展、研讨会、案例分析、实践操作等。通过这些方式，团队成员可以更好地了解团队的目标和愿景，提高自己的沟通和协作能力，增强自己的执行力和创新能力，从而更好地实现团队的目标。

（7）团队凝聚力建设

建设团队凝聚力可以增强团队成员之间的沟通和合作。以下是一些建设团队凝聚力的方法。

第一，建立共同的目标和愿景。团队领导者应该建立清晰的团队目标和愿景，让团队成员了解团队的使命和愿景，增强团队成员对团队的认同感和归属感。同时，团队领导者还应该为团队成员提供明确的职责和角色，让团队成员更好地理解自己在团队中的定位和贡献。

第二，提供良好的工作环境和氛围。良好的工作环境和氛围可以增强团队成员的工作动力和积极性。团队领导者应该为团队成员提供一个舒适、整洁和有序的工作环境，鼓励团队成员之间的合作和交流，营造积极向上的氛围。

第三，增强团队成员之间的沟通和合作。团队领导者应该鼓励团队成员之间的沟通和合作，提高团队的协作和沟通能力。通过讨论、会议和其他形式的交流，团队成员可以更好地了解彼此的想法和意见，增强团队的向心力和凝聚力。

第四，奖励和认可团队成员的贡献。团队领导者应该建立一套奖励和认可机制，对团队成员的工作和贡献进行及时的认可和奖励，增强团队成员的归属感和自豪感。同时，团队领导者还应该建立一个公平、公正的评价体系，对团队成员进行客观、公正的评价，避免任何一个人因为贡献不足或者其他原因而被排除在外。

（六）创业资金的筹措

创业融资是指创业企业的资金筹集行为和过程，即创业公司根据自身的资金状况、生产经营状况以及公司未来经营发展的需要，通过科学的预测，采用一定的方式从一定的渠道向债权人或投资者去筹集资金保证公司正常生产经营活动需要的理财行为。

1. 创业融资的重要性

创业融资的重要性主要体现在以下几个方面。

第一，有效解决企业融资难题。融资的目的就是解决企业的资金难题，对于创业公司而言，在其起步发展阶段需要的资金量通常较大，传统的银行贷款方式很难满足创业公司的需求，而创投市场则可以为创业公司提供足额的资金支持，帮助创业公司快速成长。

第二，获得更多的资源。获得投资人的投资，创业公司不仅可以获得资

金支持，还可以获得投资人背后的资源，包括但不限于人才、媒体、市场渠道等，这些资源可以帮助创业公司更快地扩大规模、提升品牌知名度，进而实现快速发展。

第三，改善企业内部结构。实时融资还可以帮助创业公司改善企业内部结构，提高运作效率，降低运营成本，为企业的可持续发展打下坚实的基础。

2. 创业融资的渠道

创业融资的渠道有很多种，以下是一些常见的方式。

（1）个人资金

对于大学生创业者来说，个人资金往往来源于父母的资金支持以及自身资金的积累。这一创业融资渠道避免了从外部寻找投资者所占用的大量的精力、时间和费用。对于大学生创业者来说，这些时间和费用是非常宝贵的。他们可以将这些时间和费用投入到创业项目的推广和发展中，从而更快地实现自己的创业梦想。

（2）亲友资金

亲友资金是一种重要的创业融资来源，因为它具有以下优点。

第一，没有烦琐的手续。亲友之间的借款不需要太多的文书手续，也不需要担保或抵押，这大大简化了融资的流程。

第二，成功率高。由于亲友之间的信任和了解，他们可能更愿意提供高额的投资，这有助于新创企业快速发展。

第三，高附加值服务。亲友之间的支持可能会带来其他的好处，比如市场营销、品牌推广、客户资源等，这些都能够为新创企业带来更多的机会和竞争优势。

然而，亲友资金也存在以下一些缺点。

第一，亲友之间的借款可能会导致信用风险，因为借款人可能无法按时还款，这会影响到创业者的信用记录和声誉。

第二，亲友之间的借款可能会带来沟通和协调上的困难，因为借款人和创业者之间可能存在差异和分歧，需要双方进行有效的沟通和协调。

第三，亲友之间的借款可能会受到家庭和社交圈子的影响，如果借款人不愿意提供支持和帮助，这可能会对创业者的融资造成不利影响。

因此，大学生创业者在选择亲友资金作为融资来源时，需要仔细评估风险和收益，并在融资前与亲友进行充分的沟通和协商，以确保借款的安全和有效性。

（3）银行贷款

银行贷款是一种常见的融资方式，适用于企业需要大量资金投入但不具备抵押品的情况。银行贷款通常需要企业提供抵押品或信用担保，以降低贷款风险。

（4）天使投资

天使投资是一种早期投资形式，通常由有经验的投资人或天使投资机构为初创企业提供资金。天使投资人不会参与企业的日常运营，但会在企业扩张时提供更多的资金支持。

（5）风险投资

风险投资是一种提供长期资金支持的形式，通常由专业的风险投资机构为初创企业提供资金。风险投资人会参与企业的战略决策，并帮助企业快速成长。

（6）创业融资比赛

创业融资比赛是一种为初创企业提供资金的活动，通常由专业的投资人或创业服务机构组织。参赛者需要提交商业计划书，并经过评审团的评估和筛选，才能获得融资支持。

（七）创业风险的识别

创业风险是指在企业创业过程中存在的风险，是指由于创业环境的不确定性、创业机会与创业企业的复杂性，创业者、创业团队与创业投资者的能力与实力的有限性而导致创业活动偏离预期目标的可能性。

1. 创业风险识别的特点

（1）连续性

创业风险是不断变化的，因此创业者需要不断关注市场变化、技术创新、竞争环境等方面的信息，以便及时识别和应对新出现的创业风险。同时，创业者还需要具备灵活的应变能力，及时调整自己的经营策略和管理策略，以适应市场环境的变化。

（2）相对性

创业风险识别是一个相对性的过程，需要根据创业者的实际情况和创业环境的变化进行调整。创业者需要不断关注市场环境和竞争环境的变化，及时调整自己的经营策略和管理策略，以适应新的市场和竞争环境。同时，创业者还需要具备灵活的应变能力，根据实际情况和创业环境的变化及时调整自己的风险应对策略，以确保创业活动的成功。

（3）系统性

创业风险识别是一个系统化的过程，需要从多个方面进行考虑。在创业初期，市场需求和竞争情况是影响创业风险的主要因素，因此创业者需要对市场进行深入的调研和分析，了解市场需求和竞争趋势，制定相应的市场营销策略和竞争策略。在创业中期，技术创新和研发能力是影响创业风险的关键因素，因此创业者需要具备一定的技术创新能力和研发能力，不断进行技术创新和产品创新。在创业后期，财务管理和资金链稳定性是影响创业风险的重要因素，因此创业者需要制定合理的财务管理策略，保持资金链的稳定性。同时，人力资源管理也是影响创业风险的关键因素，创业者需要建立健全的人力资源管理制度，吸引和留住优秀的人才，为创业活动提供强有力的支持。

（4）制度性

创业风险识别是一个制度化的过程，需要企业建立风险管理制度，明确风险识别的流程和责任人。风险管理制度应该包括风险评估、风险应对、风险监控等方面的内容，以确保创业风险的及时识别和应对。同时，创业风险管理制度还应该明确各部门和员工的风险管理责任，并建立风险管理的监督和反馈机制，以确保风险管理工作的有效实施。

（5）反馈性

创业风险识别是一个反馈性的过程，需要创业者不断地对风险进行识别和评估，及时调整创业策略。创业风险是不断变化的，因此创业者需要不断地对风险进行评估和识别，及时调整自己的风险应对策略，以确保创业活动的成功。

2. 创业风险识别的步骤

创业风险识别是一个系统化的过程，需要从多个方面进行考虑，包括市场、技术、财务、管理和人力资源等方面。

（1）确定创业目标和商业模式

创业者需要明确自己的创业目标和商业模式，确定创业方向和市场定位。

（2）收集和分析市场信息

创业者需要收集和分析市场信息，包括市场需求、竞争情况、行业趋势等方面的信息，以便对市场和创业环境进行深入的了解。

（3）评估技术可行性

创业者需要评估所使用的技术、工具和流程是否适用于创业环境，以及技术上是否存在风险和挑战。

（4）分析财务风险

创业者需要分析企业的财务状况，评估财务风险和稳定性，制定相应的财务管理策略。

（5）识别管理风险

创业者需要识别企业的管理风险，包括管理层变动、组织架构调整、员工培训等方面的风险，制定相应的管理策略。

（6）评估人力资源风险

创业者需要评估企业的人力资源状况，包括员工素质、招聘、培训、绩效管理等方面的风险，制定相应的人力资源策略。

（7）持续监测和调整

创业者需要对创业风险进行持续监测和调整，根据实际情况和创业环境的变化及时调整风险应对策略。

参考文献

[1] 丁兵. 当代高校教育管理研究 [M]. 西安：西北工业大学出版社，2019.
[2] 侯瑞刚. 新时代高校学生管理工作创新研究 [M]. 北京：中国水利水电出版社，2019.
[3] 李慧. 守护心灵：高职学生心理健康问题探析 [M]. 北京：中国书籍出版社，2019.
[4] 教育部思想政治工作司. 大学生管理研究 [M]. 北京：高等教育出版社，2012.
[5] 陈玉霞，周英华. 大学生心理健康教育 [M]. 成都：电子科技大学出版社，2019.
[6] 田爱香，渠东玲，石彩虹，等. 大学生心理健康教育 [M]. 武汉：武汉大学出版社，2015.
[7] 赵建芳. 大学生心理健康教育教程 [M]. 沈阳：东北大学出版社，2015.
[8] 张富洪，李斐，卢文丰，等. 大学生心理健康教育 [M]. 上海：复旦大学出版社，2011.
[9] 管云霞，徐荆，李晓军，等. 大学生心理素质教程 [M]. 北京：中国原子能出版社，2013.
[10] 张建华，张可. 大学生心理挑战与应对 [M]. 保定：河北大学出版社，2009.
[11] 莫春梅. 服务与发展理念下的高校学生管理研究 [M]. 北京：中国原子能出版社，2019.
[12] 赵建芳. 大学生心理健康教育 [M]. 沈阳：东北大学出版社，2017.
[13] 李玉春. 新编大学生心理健康教程 [M]. 长春：吉林大学出版社，2015.
[14] 张建华，王自华，万林战，等. 大学生心理健康教程 [M]. 北京：科学出版社，2012.
[15] 张海鹰. 大学心理健康教育 [M]. 长春：吉林大学出版社，2015.

［16］文书锋，胡邓，俞国良. 大学生心理健康通识［M］. 北京：中国人民大学出版社，2010.
［17］胡近，刘毓. 实用大学生心理咨询指南［M］. 郑州：河南医科大学出版社，1997.
［18］王凤姿，吴伟雄. 大学生心理健康教育［M］. 北京：化学工业出版社，2009.
［19］唐琳. 网络环境下大学生心理健康教育研究［M］. 成都：西南交通大学出版社，2018.
［20］冯英豪. 大学生心理健康教育［M］. 北京：科学出版社，2017.
［21］解方文. 高校教育创新及其管理体系的建设［M］. 北京：经济管理出版社，2020.
［22］滕建勇. 大学生行为指导与训练［M］. 上海：上海大学出版社，2008.
［23］朴素艳. 大学生心理健康教育［M］. 北京：中国农业出版社，2013.
［24］李永刚，张涛. 大学生心理健康教育［M］. 西安：西北大学出版社，2014.
［25］周春彦. 大学生心理弱点［M］. 北京：北京出版社，2005.
［26］姜广勇，李慧媛，牛玉杰. 和谐从“心”开始：高职大学生心理健康教育［M］. 哈尔滨：哈尔滨工程大学出版社，2017.
［27］尹登海. 职业院校学生心理健康［M］. 北京：机械工业出版社，2006.
［28］燕良轼，文彦南，王小凤. 高考心理导航［M］. 长沙：中南大学出版社，2008.
［29］杨芷英，王希永，田国秀. 思想政治教育心理学［M］. 北京：中国人民大学出版社，2014.
［30］朴素艳，孟繁华. 大学生心理健康教育［M］. 北京：中国农业出版社，2010.
［31］范文亚，李先明，解金箱. 职业健康心理手册［M］. 北京：中国水利水电出版社，2014.
［32］张建华，张可，葆乐心，等. 大学生心理健康教程［M］. 2 版. 北京：科学出版社，2014.
［33］王玲. 高中生常见心理问题及疏导［M］. 广州：暨南大学出版社，2013.

[34] 王洪龄. 高职院校素质教育教程 [M]. 济南：山东科学技术出版社，2008.

[35] 何霞红. 大学生心理健康：走向适应与成长 [M]. 北京：北京师范大学出版社，2012.

[36] 敖凌航，张少平. 大学生心理健康 [M]. 武汉：武汉大学出版社，2011.

[37] 刘媚. 大学生班级团体心理辅导教程 [M]. 北京：清华大学出版社，2009.

[38] 范朝霞，毛婷婷. 新时期大学生心理健康问题与对策探究 [M]. 北京：中国书籍出版社，2017.

[39] 陈文宝，王富君. 大学生心理与辅导 [M]. 北京：中国商业出版社，1994.

[40] 由新华，年星，王迪，等. 高校心理健康教育教程 [M]. 北京：新华出版社，2015.

[41] 张海婷. 高职大学生心理健康教育 [M]. 北京：北京理工大学出版社，2020.

[42] 郭朝辉，谢大欣，邓猛. 大学生心理健康教育 [M]. 北京：科学出版社，2014.

[43] 欧晓霞，罗杨. 大学生心理健康 [M]. 2 版. 北京：清华大学出版社，2018.

[44] 梁利苹，徐颖，刘洪均. 大学生心理健康教育 [M]. 北京：清华大学出版社，2018.

[45] 许德宽，朱俊梅. 大学生心理健康教育 [M]. 北京：清华大学出版社，2009.

[46] 李婷婷. 积极心理学视角下的大学生心理问题探析 [M]. 北京：中国书籍出版社，2020.

[47] 王彩英，王兵，朱贵喜. 当代大学生心理健康教育 [M]. 北京：科学出版社，2011.

[48] 张建平，李璐. 心理健康指导手册 [M]. 北京：国家行政学院出版社，2013.

[49] 臧平，张金明，矫宇，等. 大学生心理健康教育［M］. 北京：高等教育出版社，2012.

[50] 张金明，蒲文慧. 大学生心理健康教育教程［M］. 北京：北京邮电大学出版社，2015.

[51] 辛勇. 大学生心理健康教育［M］. 北京：科学出版社，2018.

[52] 王玉杰. 大学生心理健康［M］. 北京：北京工业大学出版社，2018.

[53] 张梅英. 大学生心理健康问题及调适探究［M］. 北京：中国商务出版社，2016.

[54] 李艳. 大学生心理健康教育［M］. 北京：北京邮电大学出版社，2017.

[55] 朱卫嘉. 大学生心理素质培养与训练［M］. 成都：西南交通大学出版社，2002.

[56] 魏双锋，孙俊芳. 大学生心理健康教育［M］. 成都：电子科技大学出版社，2017.

[57] 李广平，葛剑，喻玉兰. 大学生心理健康教育［M］. 南昌：江西科学技术出版社，2018.

[58] 王艳. 高等教育管理与大学生心理健康教育［M］. 成都：电子科技大学出版社，2017.

[59] 韩克文，马晓风. 心理健康教育［M］. 重庆：西南师范大学出版社，2016.

[60] 刘建锋，石静. 大学生心理健康教育［M］. 上海：上海交通大学出版社，2016.

[61] 栾贻福，郑立勇，周晶，等. 大学生心理健康教育［M］. 广州：华南理工大学出版社，2018.

[62] 单慧娟，廖财国，李爽. 大学生心理健康教育［M］. 镇江：江苏大学出版社，2017.

[63] 黄爱明，梁利苹. 高职大学生心理素质教育与训练［M］. 北京：北京大学出版社，2011.

[64] 薛志芬. 大学生心理健康教程［M］. 北京：中国科学文化出版社，2003.

[65] 邵政，郭兆良，王涛济，等. 大学生心理健康教育 [M]. 南京：南京大学出版社，2016.
[66] 齐斯文，贺一明，吴迪. 大学生心理健康 [M]. 长春：吉林出版集团股份有限公司，2018.
[67] 张冬梅，谷丹. 大学生心理健康教育 [M]. 北京：北京邮电大学出版社，2018.
[68] 许德宽. 大学生心理健康教程 [M]. 北京：现代教育出版社，2009.
[69] 陈昊. 大学生心理健康教育 [M]. 上海：上海交通大学出版社，2016.